OCTAVE PRADELS

CHANSONS

MONOLOGUES — CHANSONS A DIRE — FANTAISIES

AVEC UNE PRÉFACE D'ARMAND SILVESTRE

PARIS

PAUL OLLENDORFF, ÉDITEUR

28 bis, RUE RICHELIEU, 28 bis

1886

CHANSONS

MONOLOGUES — CHANSONS A DIRE — FANTAISIES

Il a été tiré 25 exemplaires sur papier du Japon.

La Fère. — Imp. BAYEN, Rue de la République, 32.

OCTAVE PRADELS

CHANSONS

MONOLOGUES — CHANSONS A DIRE — FANTAISIES

AVEC UNE PRÉFACE D'ARMAND SILVESTRE

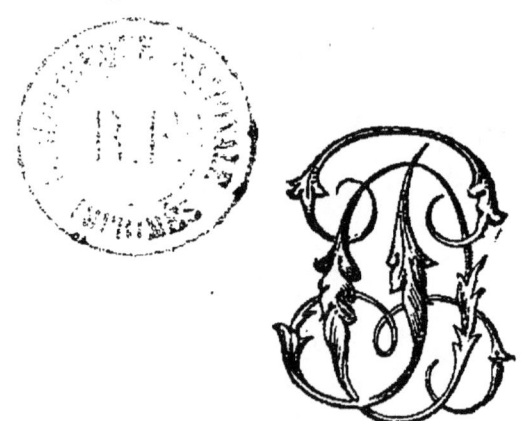

PARIS

PAUL OLLENDORFF, ÉDITEUR

28 bis, RUE RICHELIEU, 28 bis

1886

PRÉFACE

J'ai toujours grand plaisir à parler de la Chanson, de notre Chanson française, pareille à ces journées douces et troublées d'Avril que, tour à tour, traverse un rayon de franc soleil et mouillent les larmes fugitives d'une ondée. Elle est bien la fille de notre ciel cher et changeant, dont l'azur s'ouvre aux gaîtés vibrantes du rire, dont les nuées blanches emportent au loin nos rapides tristesses. Elle est la fille aussi de notre sol fécond et sacré, où tant de fleurettes charmantes font un tapis aux pieds verdoyants des grands chênes, et dont quelques-unes montent jusqu'aux cimes des arbres, grimpantes à la façon des volubilis, et semblant, parmi les feuillages, d'immobiles et beaux papillons.

Plus encore, j'aime à dire mon goût et mon admiration pour la Chanson nationale, lyrique sans prétention et malicieuse sans méchanceté, quand je pense au temps que nous traversons, et qu'elle a toujours consolé la Patrie à travers les âges, au lendemain de ses innombrables revers. Elle ne cessa jamais d'être la Muse familière et fidèle, dont les chants ont le bruit aérien des ailes de l'espérance. Elle fut comme un immense gazouillement d'oiseaux, chassant, des champs de bataille, les dernières rumeurs de la défaite, et saluant les blés prêts à jaillir des plaines fertilisées par le sang ; en elle s'affirma toujours la vivace immortalité de notre race, dont les sources latines ont abreuvé le génie.

Et puis, quelle joie et quel devoir de la célébrer, cette Chanson de nos pères, quand je ne sais quel souffle d'ineptie tente de la déraciner là où elle triomphait depuis des siècles, comme une plante robuste, pour lui substituer d'épileptiques refrains, des vacarmes abrutissants, des cris de bêtes dont certains tréteaux populaires retentissent aujourd'hui ! Vite au vent cette fiente de ce que fut l'esprit français ! Car Voltaire a fait des Chansons... Çà, de la fantaisie ? Allons donc ! les auteurs de ces petites hontes, lesquels ont, d'ailleurs, le soin de se mettre toujours à trois ou quatre pour en porter le poids, n'ont jamais compris le sens de ce mot divin où passe l'âme d'Ariel, où tinte le frisson de l'au-delà, où se dit l'oubli momentané de la terre dans un voyage vers l'inconnu. Tristes fantaisistes, que ces mauvais éducateurs des foules, que ces ouvriers du gâtisme, que ces pauvres diables qui se grisent avec des mots, comme avec un vin frelaté !

Mais la Chanson n'a rien à faire avec cette indigne caricature. Il lui suffit d'avoir été la forme choisie par deux des grands poètes de ce siècle : Béranger et Pierre Dupont. La mémoire du premier n'a rien à attendre d'éloges tardifs, mais, du second, qui fut presque mon contemporain et mon ami de quelques jours, je veux proclamer que je le tiens pour un de nos plus grands poètes et de ceux qu'attend l'immortalité. Où trouver, si ce n'est dans Lamartine, un sentiment plus élevé de la Nature ? Où rencontrer, si ce n'est dans La Fontaine, une conception aussi intime de la vie des êtres et des choses ? Il a tout aimé, dans son cœur profond et superbe, l'arbre qui monte vers les cieux et le roseau que le vent ploie, et l'humble animal qui fuit sous l'herbe les pas lourds du paysan.

Ah ! quelle tendresse infinie, quel panthéisme mélancolique, quelles belles extases vers le Beau et vers le Bon dans cette œuvre de Pierre Dupont, qui montre qu'un simple chansonnier peut être un grand lyrique à l'égal de ceux que la strophe d'or de l'ode a tentés !

J'ai pour ceux qui persistent dans le large sillon qu'il a tracé une estime littéraire réelle. Je ne parle pas de Gustave Mathieu qui y cueillit quelques fleurs brillantes, à côté de lui, tandis que Chanteclair clamait, pour tous deux, sa matinale fanfare. Mais il en est qui continuent, vaillants et sans chercher le succès facile, tentant d'allier la philosophie bonhomme et la moquerie douce de Béranger, avec le sentiment plus mâle des souffrances prolétaires, avec l'amour plus haut de la Nature, qui firent Dupont si grand. Je ne citerai que Charles Vincent, qui est un prodigieux ciseleur de rimes, et J.-B. Clément qui a trouvé des accents d'une grande simplicité douloureuse, quelque chose de très personnel où vibre une âme de poète. Il y a de fort aimables choses aussi dans le dernier volume de Baillet.

M. Octave Pradels est de cette bonne école. Aussi mon amitié pour lui s'est-elle sentie fière et heureuse de l'occasion qu'il m'a donnée de présenter son livre au public. M. Octave Pradels est, avant tout, un gai, et c'est ce dont je le félicite. Dans ses chansons, l'éclat de rire tinte comme le bruit des verres qu'on choque, des verres où le Bourgogne a mis un peu de son beau sang rouge et parfumé. Rien de plus franc que l'accent joyeux dont il dit les choses. Vous voulez de la fantaisie vraie, de celle qui ne souffle pas des ombrages moroses et municipaux de Sainte-Anne ou de Charenton ? de celle qui ne fait pas seulement pâmer les grelotteux dont un pistolet de salon suffirait à brûler la cervelle, et les filles idiotes dont les peines de cœur se mesurent au pèse-goutte, nobles chevaliers qui n'ont jamais été sur le pré que pour y tondre peut-être la largeur de leur langue et hautes damoiselles dont les vertugadins sont en verre ? Vous voulez de la bonne fantaisie gauloise, un peu risquée, et faite pour amuser les bonnes gens pas bégueules, les travailleurs du jour qu'un petit air égaye le soir, au coin du feu ? Vous trouverez celle-là dans ce livre.

Presque tous ingénieux et quelques-uns stupéfiants, ces Monologues sans prétention, d'une invention vraiment drôle, et parmi lesquels je citerai la *Poésie de Bridouilles*, comme absolument irrésistible.

Et puis, voici de très jolies chansons : « *Je suis Chauvin* », où sonne la note héroïque que nos pères aimaient tant, après les grandes défaites de l'Empire ; « *le Chêne gaulois* » où je retrouve bien cette filiation de Pierre Dupont qui est, pour moi, un signe de race et un titre de noblesse dans la grande famille des Chansonniers. Un sens poétique vraiment délicat et pénétrant dans « *les Esprits de l'âtre* ». Je veux signaler encore une villanelle très bien venue. Si je m'arrête, ce n'est pas, au moins, que les jolies choses me manquent à vous désigner ; mais c'est pour ne pas gêner le plaisir que chacun prend à choisir, lui-même, des fleurs dans un parterre. Celui-ci est le plus fécond du monde. Les roses habilement cultivées s'y mêlent aux pâquerettes sauvages, et, de tout cela, monte un parfum très varié et très doux, comme ceux qu'unit un caprice de la brise quand elle passe, au printemps, sur les jardins.

Dans la troisième partie du volume, nous trouvons de jolies applications de nos rythmes anciens et qui prouvent qu'Octave Pradels sait fort bien son métier de poète. Ainsi les triolets charmants de l'*Heureuse année*. Ainsi encore le sonnet du *Truand*. Je serais suspect en louant *Marion* qui m'est dédiée. Et puis, voici que je retarde beaucoup, ô lecteur bénévole, la joie qui t'attend, quand tu passeras de ma prose mélancolique aux vers joyeux dont elle n'est que le chemin.

Pardonne-moi et lis ces Chansons et ces Monologues d'un vrai fils de la Muse gauloise, de la Muse au sein nu, dont le large rire faisait frémir les guis tremblants sous la faucille d'or. Et maintenant, Compagnons, à la gaîté française, dont je vous présente un enfant bien venu !

Armand SILVESTRE.

Octobre 1885.

MONOLOGUES

ET

CHANSONS A DIRE

UN DROLE DE COR

Je suis, depuis bientôt un lustre,
Membre actif et correspondant
De cette académie illustre
De Fouilly-les-Pots. Cependant
Quoique nourri dans la science,
Servi par mon expérience,
(Je peux l'avouer sans détour)
Jamais, à la nature avare,
Je n'avais jusqu'à ce beau jour
Surpris de secret plus bizarre !
Secret qui doit, à nos cerveaux,
Ouvrir des horizons nouveaux.
(Ceci n'est pas une réclame,
Car chacun sait ce que je vaux,
Et l'humanité — sauf ma femme —
Rend justice à tous mes travaux !)
Je possède un cor magnifique !
Pas un cor de chasse ... allons donc !
Un cor au pied !.. un cor magique !
Dont le ciel un jour m'a fait don.
Ce cor, fidèle baromètre
Narguant l'ingénieur Chevalier,
De ma promenade est le maître !
Soit qu'il veuille, ou non, le permettre,
Je sors ou je reste au foyer.
Qu'un nuage s'approche, vite

Ce conseiller sûr et charmant,
Par un picotement, m'invite
A regagner mon logement.
Jamais d'un affreux pédicure
La main sur lui ne s'exerça !
Et pendant deux ans, je l'assure,
Seul, à l'aise dans ma chaussure,
Ce cor-ami se prélassa.
Mais voilà quinze jours de ça,
Je découvre, — surprise extrême ! —
A mon pied gauche, vierge encor
De tout relief, un nouveau cor,
Tout frais éclos de la nuit même !
Un cor !.. oh ! mais, tout un poème !..
Rose !.. joufflu !!.. mamelonné !!!
— « Un second cor ? (fis-je étonné)
« Tant mieux ! il doublera l'aîné...
« Plus de peur que jamais ne chôme
« Mon baromètre journalier,
« Je peux maintenant défier
« Laensberg et Mathieu de la Drôme ! »
Mais, dès le premier jour où j'ai
Constaté sa venue au monde,
Cet étrange cor m'a plongé
Dans une anxiété profonde !
Lorsque le premier me disait :
« — Ne sors pas, car le temps menace...
« Je picote... donc, reste en place ! »
L'autre, le nouveau, se taisait.
Et pourtant, bientôt un orage
Éclatait !.. le vent faisait rage...

Et le premier avait raison.
Par contre, si de la maison
Je sortais par un temps splendide,
Sous un ciel pur, calme et sans ride,
Le nouveau cor, à tout moment,
Me piquait furieusement !
Tout d'abord je ne fis qu'en rire,
Disant : « Il est si peu formé !..
« C'est jeune... et c'est mal informé !..
« J'ai l'autre, qui doit me suffire. »
Mais l'insistance du gredin
A picoter, à la même heure
Toujours, et loin de ma demeure,
Me préoccupait, c'est certain.
Hier, martyrisé de plus belle
Par ce fantasque, je me dis :
« Laissons, pour rentrer au logis,
« Ma promenade habituelle,
« Et, sur ce cas, prenons l'avis
« De ma femme, de mon Estelle. »
Le front pensif, à pas pressés,
Vers ma maison, je me transporte.
M'y voici... je pousse la porte...
Un cri retentit : « Lui !.. Pincés !.. »
Et je vois ma femme... elle-même,
En train d'orner ce vaste front
Avec mon voisin du cinquième !
J'allais punir ce lâche affront,
Quand, soudain, une idée immense !
Splendide ! géniale !.. luit
— Ainsi qu'un éclair dans la nuit —

Au fond de mon crâne en démence !
— «.Épouse impure ! cet amant...
Depuis quand l'est-il ?.. dis, Estelle ?..»
— « Depuis quinze jours... seulement...
« Mon ami ! » me répondit-elle.
— « Quinze jours !.. c'est ça ! » Je bondis,
(Laissant les autres interdits)
Par la porte encore entr'ouverte,
Jusqu'à mon cabinet, là-haut ;
Fou de joie ! ivre !.. — c'est le mot —
De ma sublime découverte !
Et je rédige, haletant,
Ce télégramme, en un instant :
« Fouilly-les-Pots... Académie...
« Ce jour même... une heure et demie...
« Viens de découvrir nouveau cor...
« Belle espèce, inconnue encor...
« Recevrez longs détails par lettre...
« Réclame seulement honneur
« Le nommer : cor avertisseur ! »
Alias, le CORNAROMÈTRE !!

La nature, au chercheur fervent
Qui fouille les cieux et les terres,
Dévoile ainsi tous ses mystères...
Ah ! qu'il est beau d'être un savant !

A Coquelin Cadet

Y M'A R'FUSÉ DES ASTICOTS

J' n'avais qu'un ami sur la terre,
Badrouillot, qui f'sait mon bonheur ;
Entre nous y avait pas d'mystère...
A nous deux nous n'avions qu'un cœur !
Eh bien ! maintenant, quoi qu'on y fasse,
Ça f'ra deux cœurs sous deux tricots !
Je n'peux pus seul'ment l' voir en face.
Y m'a r'fusé des asticots !

C'était c' matin, au pont d'Grenelle ;
D'puis quatre heur's, moi j'n'avais rien pris :
C'est ma déveine habituelle...
« Pass'-moi tes asticots ? » que j' dis.
Eh bien ! Mossieu, (non ! c'est à croire
Que j' vous débite un tas d' ragots)
Sans raison !.. sans la moindre histoire !..
Y m'a r'fusé des asticots !

Dir' que j'l'aimais mieux qu' ma famille !
Y v'nait partager tous mes r'pas !
Pour femme, il aurait eu ma fille...
Heureus'ment que j' n'en avais pas !
Quand on faisait un' p'tit' ripaille,
J' soldais toujours les deux écots...
A présent qu'y meur' su' la paille !..
Y m'a r'fusé des asticots !

Moi, j' soutiens qu'y n'était pas d' force
Pour ferrer l'ablette et l' gardon !
Y préparait pas mal l'amorce...
Tout l' mond' ne l' sait pas... c'est un don !
Mais dir' que j' vantais son génie
Aux amis, dans les caboulots !
Son talent ? Oh ! la la, je l' nie.
Y m'a r'fusé des asticots !

C'est à lui que j' confiais ma femme
Quand j' m'en allais jusqu'au lend'main...
J'ai trois fils... Suivant l' vœu d' madame,
C'est toujours lui qu'était l' parrain !
Mes trois mioch's, mettez-les ensemble,
On jur'rait trois p'tits Badrouillots !
Maint'nant... je n' veux pus qu'on lui r'ssemble :
Y m'a r'fusé des asticots !

L' soir, quand on fumait des vieill's pipes,
Jamais d'disput's ni d'mots taquins...
Ses princip's... c'étaient mes principes ;
Tous deux des vrais républicains.
A présent, j'change d'politique...
J'achèt'rai pus les mêm's journaux...
J' peux pus aimer la République :
Y m'a r'fusé des asticots !

Un mossieu qui fait des manières !
C'est qu'y n'vous parl' que d' ses succès,
Du Pont Royal au pont d'Asnières !..
C'est à dégoûter d'êtr' français !..
Y s' prétend né tout près d' Gonesse,
D'un négociant en calicots...
Malheur ! ça pos' pour la noblesse,
Et... ça vous r'fus' des asticots !

UN FRANC PAR CAVALIER

Vu que j'avais, dimanche,
La permission d' minuit,
La main le long d' la hanche,
Je me prom'nais sans bruit.
J'avis' sur une toile
(Qu'était p't-être en papier)
Ces mots : Bal de l'Étoile,
Un franc par cavalier !

« V'là ton affair', Bidoche, »
Que je m' dis subito ;
Je tir' dix sous d' ma poche
J' les dépose au bureau.
Mais l'homm' se met à m' dire,
D'un ton très familier :
« Vous n' savez donc pas lire ?
« Un franc par cavalier ! »

Moi, j' deviens écarlate,
Mais, plein d' modération,
J' dis : « Môssieu l' bureaucrate,
« Vous faites confusion !
« Je suis dans l'infant'rie...
« Et que dit vot' papier ?
« Relisez... je vous prie :
« Un franc par cavalier ! »

Il m'appelle imbécile !
Moi, j' l'appell' vieux filou !
J' n'ai point l'humeur facile,
Je l'empoign' par le cou !
Au violon-z-on me fiche
Quoiqu' j'avais beau crier :
« Mais c'était sur l'affiche :
« Un franc par cavalier ! »

De rag', perdant la tête,
En m'assoyant trop fort,
Je cass' ma baïonnette !...
J' s'rai condamné-z-à mort !
Mais j' vas dire à mes juges :
« Vous pouvez m' fusiller,
« Que c'est des subterfuges :
« Un franc par cavalier ! »

Adieu ! la Mathurine...
Épous' le gros Thomas !..
T'en auras, j'imagine,
Des p'tits enfants, par tas !
Qu' Thomas leur recommande
De toujours se méfier
Des bals ousqu'on demande
Un franc par cavalier !

Quand je s'rai sous la pierre,
Mon âm', sans un radis,
Ira dire à saint Pierre
Aux portes du paradis :
« Je n'ai point commis d'crime...
« Envoyez vérifier...
« Tous les soirs, ça s'imprime :
« Un franc par cavalier ! »

Des peupl's le plus cocasse,
Pour sûr, c'est l' parisien,
Y bavarde, y jacasse,
Mais y n' sait rien de rien !
(Mon histoire en est l' signe)
Y croit — ça fait... bâiller —
Qu'un fantassin d' la ligne
Ça s' nomme un cavalier !

LE CRIME DE PUTEAUX

C'est une épouvantable histoire
Que tout chacun racontait hier,
Dedans les gar's de chemins d' fer !
Il paraît qu' c'est à la nuit noire,
Qu' près d' Puteaux, les faits s' sont passés...
Ah ! bonnes âmes, frémissez !

Parlé : *Brrrou !!*

  Ça s'ra d'main dans tous les journaux
    Le crime de Puteaux !

Un garçon, d'un âge assez tendre,
Mangeait un' pomm', près d'un égout...
(Y a rien à dir', c'était son goût)
Quand, soudain, un' voix fit entendre
Au fond d' l'égout ces sombres mots :
« Tu' la mèr' !.. je m' charg' des marmots ! »

Parlé : *Brrrou !! Horreur !!*

  Ça s'ra d'main dans tous les journaux
    Le crime de Puteaux !

L'enfant, laissant tomber sa pomme,
S'enfuit, criant : « à l'assassin ! »
Môssieu l'mair' fit sonner l'tocsin !
Tout l'mond' se l'va comme un seul homme,
Les valid's comm' les estropiés...
Mais les premiers fur'nt les pompiers.

PARLÉ : *Brrrou!.. Épouvantable!..*

 Ça s'ra d'main dans tous les journaux
  Le crime de Puteaux !

Y avait plus d'trois mille homm's en armes,
D'Courbevoie au Mont Valérien,
Qui, très émus, ne disaient rien,
Quand, près d'l'égout, l'chef des gendarmes
Cria : « Rendez-vous, prisonniers ! »
Alors sortir'nt deux égoutiers.

PARLÉ : *Brrrou!.. les trois mille hommes frémirent !*

 Ça s'ra d'main dans tous les journaux
  Le crime de Puteaux !

« Égoutiers ! où sont vos victimes ? »
Alors les deux affreux bandits
Répondir'nt, sans être interdits,
En homm's habitués aux crimes :
« Y a pas besoin d'fair' tant d'potin !
« Nous en tuons autant chaqu' matin ! »

PARLÉ : *Brrrou !.. Quel cynisme !..*

  Ça s'ra d'main dans tous les journaux
    Le crime de Puteaux !

  A ces mots-là, tout l'mond' sanglote,
  Bourgeois, cocott's, municipaux :
  « Où sont les corps ? » — « T'nez ! v'là leurs peaux, »
  Dit l' bandit, en r'tirant d' sa botte
  Quatre cadavres !.. quatre rats !!
  La mère et trois p'tits scélérats !

PARLÉ : *Brrrou !.. Les deux mille neuf cent cinquante hommes qui n'entendaient rien sanglotaient toujours !..*

  Ça s'ra d'main dans tous les journaux
    Le crime de Puteaux !

  Devant cett' preuve d'innocence,
  L' chef des gendarm's s'est retourné
  Vers ses homm's qui faisaient leur né
  Et leur a dit : « Donc, que je pense
  « Qu'il faut s'en retourner de c' pas,
  « Vu, que de crime, y en a pas ! »

PARLÉ : *Brrrou !.. Oui, mais on avait déjà télégraphié partout !..*

  Ça s'ra d'main dans tous les journaux
    Le crime de Puteaux !

Cette histoir' montre où la peur mène,
Et qu'il faut se méfier surtout
Des meurtr's qui s' font dans un égout.
Puis, s'il n'y avait pas, chaqu' semaine,
Un crim' comm' celui de Puteaux,
Ils mourraient d' faim tous les journaux !

PARLÉ : *Aussi...*

Ça s'ra d'main dans tous les journaux
　　Le crime de Puteaux !

A Coquelin Aîné

BARBASSON

Je n'ai jamais eu peur qu'une fois dans ma vie,
Encor ce n'était pas pour moi... car le péril
Té! digo-li qué vingue! Au Caire, sur le Nil,
Je me trouvais un jour. Il me prend une envie
De tuer un lion avant mon déjeuner,
Et je dis à Rémi, mon copain de voyage :
« Allons! prends ton fusil, tu vas m'accompagner. »
Rémi, certes, n'est pas un homme sans courage :
Il est grand, bien bâti, c'est un très bon garçon,
Mais, d'abord, il se fit tirer un peu l'oreille ;
Ça se comprend, d'ailleurs... il n'est pas de Marseille,
C'est un homme du Nord... il est de Tarascon !
Il se décide, enfin. Nous partons côte à côte ;
Tranquilles nous marchons, quand, dans l'éloignement,
Nous entendons, soudain, un grand rugissement !
Rémi s'arrête... pâle... eh ! ce n'est pas sa faute,
Le povre! Je lui dis : « Reste, si ça te plaît. »
Je vais seul. J'aperçois, derrière un monticule,
Un énorme lion ! haut comme un grand mulet.
Il me voit... il rugit !.. Je m'avance... il recule.
Je vise à peine... paf!.. il tombe raide mort !
« Rémi ! tu peux venir ! » Rémi quitte sa place,
Accourt et — ça c'est vrai ! — me compliment fort,

Mais je vis qu'il était un peu jaloux ; bagasse !
Un ami, c'est un frère, et je lui dis : « Mon bon,
« Tu voudrais, comme moi, remporter ton lion ?
« Que ne le disais-tu ? Dans ce buisson, demeure,
« Je vais te le tuer... patiente un quart d'heure. »
Je recharge mon arme et je pars en chantant.
Je fais dans le désert près d'une demi-lieue,
Quand je vois mon lion... un lion épatant !
Cinq mètres, pour le moins, de la tête à la queue !
Il me voit... m'examine... et grimpe sur un roc.
Moi, j'arme mon fusil... Le lion se ramasse,
Il va pour s'élancer. — (Hé ! je me ris d'un choc,
Mais ça peut vous salir) et, sans quitter ma place,
Paf !.. je le tire au vol... comme çà... dédaigneux...
Et ma balle, en sifflant, lui crève les deux yeux !
Jugez si Rémi fut stupéfait et joyeux !
Mais il ne fixait pas les lions morts, sans crainte :
(Aux lions, comme à tout, il faut s'habituer)
Il me dit, le naïf : « Hé ! tu vas en tuer
« Encor beaucoup ? » — « Que non ! c'est l'heure de l'absinthe,
« Pourquoi veux-tu que je dépeuple le désert ?
« J'en laisse quelques-uns... allons-nous-en, mon *cer !* »
Nous regagnons le Nil et suivons le rivage ;
Je marchais, regardant le joli paysage,
Le fusil sur l'épaule, et Rémi devant moi.
Pour allumer ma pipe, un instant je m'arrête.
J'allume... Tout à coup ! je pousse un cri d'effroi !
Et je sens mes cheveux se dresser sur ma tête !
J'avais connu la peur !.. Oui, Messieurs... j'ai frémi,
Moi, Barbasson !.. j'eus peur ! pas pour moi, pour Rémi.
Du milieu des roseaux, au bord de la rivière,

Déroulant au soleil tout son corps ondulé,
Un crocodile, long comme la Cannebière,
Vers le *povre* Rémi, droit, s'en était allé
Et, hap! d'un coup de gueule, il l'avait avalé!
L'effroi — je vous l'ai dit — me clouait à ma place,
Bouche ouverte — c'était tellement imprévu! —
Bientôt, vous le pensez, je repris mon audace.
(Personne heureusement ne pouvait m'avoir vu.)
Le monstre s'apprêtait à regagner son antre,
Avec l'orgueil au front et Rémi dans le ventre,
Mais, soudain, m'élançant au travers du chemin
Qu'il suivait, aussi prompt que la foudre elle-même,
Je lui saisis la gueule.. et puis, de chaque main,
L'écartant... comme çà, dans un effort suprême,
Je la mis grande ouverte.. Alors gonflant ma voix,
Je m'écriai: « Rémi!.. Rémi!.. vite!.. dépêche!..
Sors! » Et Rémi sortit!.. Il était temps! Je crois
Que je ne pourrais plus refaire une autre fois
Un effort aussi grand... j'avais la gorge sèche.
Rémi sauvé, j'allais, dans ma juste fureur,
Tuer le crocodile affreux... mais j'ai grand cœur...
Puisqu'en fait dé victime, il n'en était aucune,
Je me dis: « C'est petit d'avoir de la rancune,
« Et puis la *povre* bête avait peut-être faim!
« Je lui fais grâce. » Alors, la prenant par la queue,
V'lan! je la rejetai dans le fleuve sans fin,
Qui venait à mes pieds rouler son onde bleue.

Mais savez-vous l'effet que ce moment d'effroi
Avait produit sur nous? — c'est presque invraisemblable,
Tant c'est étourdissant! — et, si ce n'était moi

Qui vous le racontais, ce serait incroyable !
Eh bien ! lorsque Rémi, du gosier, émergea
Et que j'eus rejeté le monstre en la rivière,
Nous fîmes, tous les deux, quatre pas en arrière
En poussant un grand cri que l'écho prolongea.
O stupéfaction intense et sans pareille !
Nous en étions restés, ainsi, les bras ballants...
De Rémi les cheveux étaient devenus blancs,
Et moi... j'avais perdu mon *assent* de Marseille.(*)

(*) Ce Monologue a paru à la Librairie Théatrale, 14, Rue de Grammont.

L'OUVREUR DE PORTIÈRES

Accusé, levez-vous ! voyons
Quels sont vos moyens d'existence ?
« Mon Président, j'avais trois ronds,
« On m' les a pris avant l'audience !
« A c't' heure, l' commerc' va si mal,
« C'est si difficil' les affaires,
« Qu' moi j'ai pris un métier d' cheval !
« Je m' suis fait ouvreur ed' portières. »

Vous auriez bien pu, cependant,
Choisir un métier moins... frivole.
« — C'est-t-y d' ma faut', mon Président,
« Si j'ai z'évu la p'tit' vérole ?..
« A part cell's d'Amériqu', l'été,
« Ça m'a fermé bien des carrières...
« El' beau sexe est si dégoûté !
« Je m' suis fait ouvreur ed' portières. »

Vous avez été condamné
Dix-sept fois pour vagabondage.
« — Dix-sept?.. bien sûr?.. j' suis étonné !
« Vrai ! j' croyais qu' c'était davantage...
« A preuve qu' j'en avais plein l' dos
« Ed' turbiner dans les lisières...
« Moi, j'ai des goûts pus aristos :
« Je m' suis fait ouvreur ed' portières.

« J'aurais pu m' faire ambassadeur,
« Y a pas d' sot métier pour un homme,
« Mais j'ai pas l' caractèr' menteur,
« Et la politiqu', ça m'assomme !..
« Député?.. bah ! matin et soir,
« Faut fréquenter les ministères...
« Et puis... j'avais pas d'habit noir !
« Je m' suis fait ouvreur ed' portières.

« Mes juges, j' vas vous l' dir' tout haut,
« L' peuple est pas content d' la justice !
« Vous avez supprimé l' bonn'teau,
« Ça fait crier !.. Qu'on l' rétablisse !..
« C'est l' seul état qu' j'avais rêvé
« Pour pas salir el' nom d' mes pères...
« Vous m'avez f...ichu su' l' pavé...
« Je m' suis fait ouvreur ed' portières. »

Assez ! Vous fréquentiez, c'est clair,
Cette concierge assassinée...
Nierez-vous donc avoir ouvert
Le ventre à cette infortunée ?
« — Ah ! mince alors ! vous êt's donc sourd
« Comme un' douzaine ed' port's cochères ?
« V'là deux heur's qu' je l' dis à la Cour
« Qu' je m' suis fait *ouvreur ed' portières !* »

A Coquelin Cadet

PAS D'RANCUNE POUR DEUX SOUS

J' suis philosoph', je m' la coul' douce...
J' mang' bien, j' bois bien, j' dors encor mieux ;
Je m' laisse aller au vent qui m' pousse...
Il m'pouss' gaîment, c'est tout c' que j' veux.
J'ai d' la santé, l'teint fleuri même...
Mon gousset rend un son très doux.
Ben ! j'n'en veux pas à l'Êtr' suprême...
Moi, j'n'ai pas d'rancun' pour deux sous !

Mon propriétaire, un' vieill' croûte,
M' cherchait querell' sur le palier...
J'suis un peu vif... je l'pouss' sans doute...
Il dégringol' dans l'escalier !
Trois étag's ! on l' ramasse à terre,
Un bras d'cassé ! quéqu' chose aux g'noux...
Ben ! j' suis resté son locataire...
Moi, j'n'ai pas d'rancun' pour deux sous !

Un' fois, j'insulte un camarade,
Un ancien sergent, un lapin ;
Grâce aux bons amis, cett' boutade
Me vaut un duel pour le lend'main.
On s'align' !.. mais, voyant qu'personne
Ne s'interpose entre les coups,
Je m'sauve en disant : « J' te pardonne !
« Moi, j'n'ai pas d'rancun' pour deux sous ! »

En wagon, au milieu d'la route,
Un' dam' toussait, s'plaignant très haut.
« Ma cigarett' vous gên', sans doute,
« (Lui dis-j') fallait donc l'dir' plus tôt...
« On est galant... c'est un principe...
« Que n'f'rait-on pas pour vos yeux doux ?
« T'nez ! j' la jett'... j'vas fumer ma pipe...
« Moi, j'n'ai pas d'rancun' pour deux sous ! »

Je m'suis marié trois fois... ou quatre :
C'étaient des ang's, à c'qu'on disait ;
Il m'arrivait quéqu'fois d'les battre,
Sans raison... L'homm' n'est pas parfait !
J' les trompais... ell's me trouvaient même
Exigeant, gourmand et jaloux...
Eh ben ! j'vas en prendre un' cinquième...
Moi, j'n'ai pas d'rancun' pour deux sous !

J' taquinais l'goujon dans la Seine ;
Ma bell'-mèr' ronflait, pas loin d'moi,
Ell' s'laiss' glisser... l' courant l'entraîne !
J'la suis... d'un œil rempli d'émoi.
Morte !!! Jugez d'ma peine amère !..
Ben ! deux heur's après, l' croirez-vous ?
J'pêchais là, dans la mêm' rivière...
Moi, j'n'ai pas d'rancun' pour deux sous !

T'nez ! un soir, ma quatrièm' femme,
Dans les douleurs de l'enfant'ment,
S'tordait sous mes yeux ! Pauvr' chère âme !
Ah ! vrai, c'est un cruel moment.
C'que j'ai maudit l'destin féroce
Qui fait souffrir des êtr's si doux !
Ben ! l'mois d'après, elle était grosse...
Moi, j'n'ai pas d'rancun' pour deux sous !

J'suis radical en politique.
Pas d'milieu ! moi, j'suis radical !
Un jour, surpris par un' colique,
J'achète à la hâte un journal :
Bon ! c'était un *réac* !.. Pas d'chance !
Trop tard... J'l'avais là... sur mes g'noux...
Eh ben !.. j'ai fait sa connaissance...
Moi, j'n'ai pas d'rancun' pour deux sous !

UN ÉPINARDS AU JUS

J' m'appell' Bonifac' Boudinoy,
De Taupigny-les-Échalottes ;
J' somm' point l' premier v'nu... l'on dit d' moi :
« Oh ! il a du foin dans ses bottes ! »
J' somm' un gros marchand d' bestiaux, quoi !
J'étions tranquill', foi d' Boniface !
Mais, un jour, me v'là-t'-y pas pris
D' l'envi' foll' d'aller voir Paris !
Et, quand j'ons quéqu' chos' qui m' tracasse,
Faut qu' ça s' fass' tout d' suit'... Le lend'main,
A la gar' voisin', j' prenions l' train...
Un' plac' confortable... en troisième !..
(Vu qu'y n' donniont point d' quatrième).
Dix francs huit sous... c'est point pour rien,
Mais pour l' prix, dame ! y marchiont bien,
Et j'étions à Paris l' soir même.
Jusqu'à c't' heure, y a point d'accident...
J' fais dix pas dans la capitale
Quand j' m'aperçois qu' j'ons la fringale :
« Faut qu' je m' mett' quéqu' chos' sous la dent! »
Qu' je m' dis ; j'entre dans la boutique
D'un traiteur... j' dis à tous : bonsoir !

Paraît qu' j'ons l'air d'un' bonn' pratique,
Sans m' connaîtr', l' garçon m' fait asseoir :
« Voilà la cart'... Môssieu désire ? »
Il m' donne un papier encadré
Où qu' c'était écrit très serré.
« Pourquoi qu' c'est faire ? » Il s' met à rire.
— « C'est les plats du jour... fait' vot' choix ! »
Bon ! bon ! j' comprenons, j' savons lire !
Voyons : « Radis... sardin'... anchois...
« Potag'... bifteck... veau... pomm' de terre. »
Cheux nous... c'est tous des plats connus...
J' voulions du neuf... Tiens !.. v'là m'n affaire !
« Garçon !.. un... épinards... au jus ! »
Il rit encor !.. moi, ça m'embête !
Je m' lève... et j' toisons l' malhonnête
Comm' ça... tout dret entr' les deux yeux...
Il me r'gard'... puis crie à tue-tête :
« Un épinards !.. un ! : ça fait deux ! »
Pour l' coup, j' sens la colèr' qui m' gagne !
« Dis-donc, l'homme au torchon... oui, toi...
« C'est-t'-y parc' que j' suis d' la campagne
« Qu' tu t' crois permis de t' ficher d' moi ?
« Quand j' dis : un épinards ! j' m'explique...
« Pas b'soin d'écarquiller tes yeux...
« On connaît son *arithmétrique :*
« Un, ça fait un... ça n' fait point deux ! »
V'là qui s' met à rire d' plus belle
Comme un grand s'rin et qu'y m' répond :
« Faut soigner ça ! » — « Quoi, ça ? » — « L'hann'ton
« Qué vous avez là... dans l' cervelle ! »
Ça, c'était d' trop ! D'un grand coup d' poing

J' l'envoi' rouler, jusqu'à l'autr' coin,
Au milieu d' la vaissell' qui s' casse !
Alors, v'là qu' tout l' monde s' ramasse
Autour de moi. L' garçon criait :
« A l'assassin ! » — L' patron beuglait :
« N' l'approchez point ! il a des armes,
« C'est un r'pris d' justic' dangereux ! »
On envoi' chercher les gendarmes...
Ils m' li'nt les mains... au milieu d'eux,
J'arriv' comm' çà chez l' commissaire.
« Vot' nom ? » — « Bonifac' Boud... » — « Assez !..
« Profession ? » — « J' somm'... » — « Tâchez d' vous taire ! »
— « Mais j' n'ons. » — « Silence !.. et répondez. »
— « M'sieu l' magistrat... j' demand' justice !
« Un, ça n' fait qu'un... parol' d'honneur !.. »
— « Il est fou ! » dit l' chef de police,
« Qu'on aill' tout d' suit' chercher l' docteur ! »
L' docteur arrive... il m'examine :
— « Oui (qu'y fait), c'est bien là la mine
« D'un idiot... » — « Môssieu le méd'cin,
« V'là tout' la vérité... j' vous l' jure !
« Ça vient de c' que l' garçon s' figure
« Qu'un ça fait deux... un, c'est certain,
« Cà n' fait qu'un... d'ailleurs ça s'explique... »
— « Singulier cas ! (qu' répond l' docteur)
« Il est atteint, folie unique,
« De la mani' d' *l'arithmétrique !*
« Mais ça n'est point un malfaiteur,
« Qu'on le r'lâche ! » Alors, au traiteur
J'ons dû rembourser pour la casse
Vingt-neuf francs et quatorze sous !

Puis j'ons couru reprendr' ma place
Pour m'en r'tourner ben vit' cheux nous.
Et j'ons dit, un' fois sur la route :
« Les parisiens, qué rac' filoute !
« Faut qu'y soient tout d' mêm' rud'ment gueux,
« Pour vous sout'nir qu'un, ça fait deux ! »
Et j' l'ons juré, depuis c't' affaire :
A Paris on n' me r'pinc'ra point !
C'est vrai que d' lui j' n' connais guère
Qu'un traiteur et qu'un commissaire,
Tous deux bêt's à manger du foin ;
Mais c' qui m'asticot' davantage,
C'est d' penser qu' pour mes vingt écus
Que m'a coûté c' maudit voyage,
J' n'ai mêm' point — c'est ça qui m'enrage —
Mangé mon épinards au jus !

A Monsieur Armand Frère

FLORIMOND

J' v'nais de m'marier à la Mairie.
« Écout' (dit l'ami Taupinard),
« L' mariag', tu l' sais, est un' lot'rie,
« Où l' gros lot, seul, n'est pas cornard !
« Veux-tu que j' t'évit' les deux bosses ?
« Suis mon conseil, il sauv' ton front :
« Pendant la premièr' nuit d' tes noces,
« Faut pas penser à Florimond ! »

— « Florimond?.. Qu'est-c' que tu m'racontes ? »
Mais bast ! il s'était éloigné.
Je m' dis : C'est peut-êtr' pas des contes,
Il est toujours bien renseigné ;
Après tout, l' moyen est facile,
Pas besoin d'en savoir bien long :
Ce soir, quand j' s'rai près d' ma Cécile,
Je n' pens'rai pas à Florimond !

Pendant l' dîner j'étais maussade ;
Cécile avait un air pincé
En m' disant : « Vous êt's donc malade ? »
— « Non... rien... ça s'ra bientôt passé ! » —
Mais, au fond, j'avais la venette
Et cette idé' fix' sous l' plafond :
Pourvu qu' là-haut, dans la chambrette,
J' n'aill' pas penser à Florimond !

Enfin, minuit sonne ! On s' dérobe...
Nous voilà seuls... C' que j'la r'luquais
Pendant qu'ell' dégrafait sa robe !..
Vrai ! j'y voyais trent'-six quinquets !
J' m'apprête à lui dépeindr' ma flamme,
Quand, soudain, j' perds tout mon aplomb,
Et j' reste muet d'vant ma femme !..
J' venais d' penser à Florimond !

J'ai passé la nuit tout entière,
Sur un' chaise, à m'app'ler : Butor !
Cécil', pour cacher sa colère,
Faisait semblant d' ronfler très fort.
J'avais beau m' dire : Allons, d' l'audace !
Tu t' conduis-là comme un vrai m'lon !..
Pas moyen d' démarrer d' ma place !..
J' pensais tout l' temps à Florimond !

Le lend'main de cett' nuit funeste,
Je r'çois cett' lettr' de Taupinard :
« Mon vieux, j' t'enlèv' ta femm'... Du reste,
« Tu n' peux rien rêver d' plus veinard !
« T'as tout fait pour ce p'tit mécompte,
« Car, malgré c' que j' t'ai dit, mon bon,
« D'après c' que ton épous' raconte,
« T'as dû penser à Florimond ! »

Ben ! comment trouvez-vous la chose ?
Elle est mauvaise, assurément ;
C'est Florimond qu'en est la cause...
J'y pense encore... à tout moment.
A la rigueur, j' comprends Cécile,
J'excus' Taupinard ! mais, cré nom !
C' qui m'met en rag', c' qui m'horripile,
C'est qu' je n' connais pas Florimond !

UN ÉCART FRANC

A cell' qui d'vint ma ménagère
J' faisais la cour; Bridois aussi.
Un d' nous était d' trop sur la terre !
Ça n' pouvait pas durer ainsi.
« Cèd'-moi la plac'? » — « J'y suis, j'y d'meure... »
On se trait' de crétin, d' blanc-bec...
« Tes armes? (dit-il) et ton heure?.. »
— « Tout d' suite ! au piquet... en cent... sec ! »

Ah ! ce fut, je vous l' certifie,
Un quart d'heur' terrible en ma vie !
A tous qu'ell' serve d'enseign'ment
Cett' simple histoir' d'un écart franc !

Il donn'... j'ai deux tierc's à la dame,
Plus six cœurs, par quinte au valet...
J'étais perplexe, je l' proclame :
J'écart' la quint' !.. j' prends, en effet,
Trois as ! deux rois ! J'ai — vein' du diable ! —
Deux quint's, quatorz', mon point s' trouv' bon,
J' compt' cent soixante-un, jeu sur table,
Il était capot !.. Allez donc !..

Hein! que dit's-vous de c' trait d' génie?
Ça s' présente un' fois dans la vie
Un coup aussi mirobolant!
J' triomphais, grâce à l'écart franc.

Bridois tint sa parole. On pense
Que, resté seul à fair' la cour,
Bientôt je fus l'époux d'Hortense,
Et... ma vein' s'arrête à c' beau jour!
C'est bien l' plus affreux caractère
Qu' l'enfer ait jamais inventé!
Hargneuse! et gourmande!! et colère!!!
Voilà son portrait... mais flatté.

Oui! mes amis, c'est à n' pas croire
A cett' trop véridique histoire,
Mais, tel que vous m' voyez, pourtant
J' suis la victim' d'un écart franc!

Et ça date du soir des noces;
Quand j' voulus prendre... un air vainqueur,
Hortens', roulant des yeux féroces,
Me refusa l'accès d' son cœur.
Bridois m'avait joué l' tour infâme
D' raconter, pendant qu'il polkait,
Une heure avant, avec ma femme,
Que j' l'avais conquise au piquet!

Et, jusqu'au matin, sur un' chaise,
J'ai médité, tout à mon aise,
A deux pas d' mon épous', ronflant,
Sur l'utilité d' l'écart franc !

Qu'ell' me refus' tout, la mégère,
J' pass'rais encor l'épong' là-d'ssus,
Mais sa conduite est fort légère,
Et j' suis... d'puis longtemps, j' n'en dout' plus.
J' sais bien qu' ma dignité m' commande
De mettre un terme à c' manqu' d'égards,
Mais ai-j' bien l' droit, je vous l' demande,
De lui r'procher, moi, ses *écarts ?*

Au Paradis, s'il faut l' martyre
Pour être admis, ah ! j' pourrai dire :
« Monsieur Saint Pierre, ouvrez tout grand,
« C'est moi !.. vous savez... l'écart franc !..

J' devais j'ter mes tierc's !.. c'est logique ;
Mais aussi cett' rentré' d' malheur !
Et lui qui peut sept cart's à pique,
Il les jett' pour s' garder à cœur !
A cœur... j'avais bien la quint' basse,
Mais j' l'écart'... sans ça, pas d' capot...
Pour un' fois qu' j'ai montré d' l'audace,
J'ai bien réussi... triple idiot !

Sans r'vanch' jouer l'bonheur de sa vie,
C'est par trop bête !.. à l'aut' partie,
Tout comm' moi, Bridois, l'intrigant,
Aurait pu faire un écart franc !

Je n' peux plus voir les cart's en face
D'puis la fameus' quinte au valet,
Et, chaqu' nuit, l' mêm' rêv' me tracasse :
Avec Bridois, j' joue au piquet !
J'ai beau mêler... toujours il m' rentre
Les mêm's figur's !.. j' les r'fourr' dans l' tas...
Horreur !.. ell's revienn'nt sur mon ventre
Danser, en riant aux éclats !

O joueurs ! si, dans votre vie,
Il vous prenait jamais l'envie
De jouer vos femm's... même en deux cents !
Ah ! méfiez-vous des écarts francs ! (*)

(*) Musique de Ch. Malo, chez Feuchot, boulevard de Strasbourg, 2.

LA POÉSIE DE BRIDOUILLES

Cré mille noms d'une giberne !
Que me voilà collé-z-au bloc
Pour un mois, jusqu'à la Saint-Roch !
Et ça... pour une baliverne !
Voilà : Je m'appelle Justin,
François, Onésime Bridouilles,
Né natif près de Saint-Quentin,
Du bourg de Torchy-les-Andouilles.
Que j'ai laissé dans le pays
Une jeunesse vaporeuse
Qu'elle est follement amoureuse
De mes attraits-z-épanouis !
C'est Euphrasie ! Elle a des charmes
Que le diable en prendrait les armes,
Tant ils sont volupétueux !
Pour lorss donc, que ses jolis yeux
M'avaient mis tout en marmelade
Le cœur... que j'en étais malade !
Et le souvenir abusif
De ses appas... sans subterfuge,
Me causait des rêves d'un vif
Incandescent et fébrifuge !

Hier, le sergent Malfendu
M'appela-z-et me dit : « Bridouilles,
« Voilà-z-une lettre... port dû...
« Ça vient de Torchy-les-Andouilles !.. »
Je crus d'abord *m'évanouier*,
A cette annonce délectable !
Je reconnaissais son papier
Tout plein du parfum de l'étable !
Je reniflais de tout mon nez !..
Je l'ouvre et je vois... devinez ?..
Sa superbe *potographie !*
J'étais fou !.. non, je vous défie
De vous figurer mon état !
J'aurais pincé-z-un entrechat,
Sans la crainte d'un camarade,
Puis la dignité de mon grade :
Je suis déjà... premier soldat !
« O séductionneuse Euphrasie ! »
M'écriai-je, plein d'émotion,
« Je vas t'accuser réception,
« Mais pas une lettre... fi donc !
« Je vas t'écrire... en *poiésie !* »
Sur le banc, je vois un pinceau,
Avec un pot de couleur rose,
Près d'une planche... je suppose
Qu'on allait faire un écriteau.
« Cré nom ! que voilà mon affaire !
« C'est le brouillon que je vas faire
« Là-dessus... » Alors, sans retard,
Devant les charmes d'Euphrasie,
En moins d'une heure... une heure et quart,

S'échappa cette *poiésie*
De mon cerveau, comme un pétard :
« *Plus belle que la Commandante,*
« *Je te place ainsi sur mon cœur...*
« *Tu mérites bien cet honneur!..* »
Tout à coup! quelqu'un se présente
Au pas de la porte... tableau!
C'était le Commandant lui-même.
Alors, dans ma frayeur extrême,
Perdant la boule, subito,
Je m'asseois sur mon écriteau!
« Que fait donc là cet imbécile? »
Dit le Commandant: « Allons! file!
« Et va me chercher l'adjudant! »
Je fais, sans demander mon reste,
Un demi-tour; mais, à l'instant,
Je reçois, plus bas que ma veste,
Un coup de pied-z-épastrouillant,
Dont j'ai le souvenir... cuisant.
Et le Commandant, en colère,
Me criait: « Mille d'un tonnerre!
« Que de ce pas, tu vas me faire
« Trente jours de clou, mon farceur!
« Pour avoir, sans nulle pudeur,
« Outragé, de cette manière,
« La femme de ton supérieur! »

Avez-vous deviné la chose?
Dans ma frayeur, en m'assoyant,
Ma *poiésie*, en couleur rose,
S'était-z-imprimée à l'instant

Au fond de mon pantalon blanc !
Et, par malheur, pour ma figure,
Les premiers mots de l'écriture :
« *Plus belle que* » s'étaient séchés,
Et ceux-là n'étaient point marqués...
Mais, sort fatal ! de tout le reste
Il ne s'en manquait point d'un zeste,
Et, quoique imprimés-z-à l'envers,
On lisait clairement ces vers,
En rose vif : « *La Commandante,*
« *Je te place ainsi sur mon cœur...*
« *Tu mérites bien cet honneur !..* »
D'où la fureur ébouriffante
De ce brutal de Commandant
Et son geste-z-humiliant.

Je renonce à la *poiésie !*
Car il faut trop, mon Euphrasie,
Se méfier des pantalons blancs
Quand les vers se mettent dedans ! (*)

———

(*) Ce monologue, ainsi que les chansons à dire : *Y m'a r'fusé des asticots, Un franc par cavalier, l'Ouvreur de portières, Pas d'rancune pour deux sous et Florimond* ont paru séparément chez Benoit, Éditeur, 13, faubourg Saint-Martin.

CHANSONS

A Gustave Nadaud

TOSTE A LA CHANSON

(Banquet d'Avril de la *Lice Chansonnière*).

Avril !.. donnez-vous-en à cœur joie, ô poètes !
Faites de vos cerveaux partir les vieux clichés
Qui, pendant tout l'hiver, s'y sont tenus cachés.
Accouplez-les encor, doux rêveurs que vous êtes,
Les vingt ans... le printemps... et donnez aux buissons
Pour rimes les chansons, les frissons, les pinsons...
Chantez le renouveau ! Courez sous les ramures
(Où passent forcément de doux et frais murmures).
La prairie est... fleurie et les prés... diaprés !
C'est chronique et fatal ! et pour vous la feuillée
Même sous les grêlons demeure ensoleillée !
L'almanach dit *Avril!*.. donc les cieux sont dorés !
Eh bien ! moi, je prétends que cet avril qu'on aime,
Qu'on chante en *si bémol*, en *la*... qu'on dit vermeil,
N'est qu'un mauvais plaisant, ayant pour tout soleil,
Derrière ses brouillards, un fromage à la crème.
C'est *Mars* qui, maintenant, fait gonfler les bourgeons
Qu'Avril dessèche et brûle avec sa giboulée !

L'Aurore au bout de ses doigts de rose a l'onglée
Et le canard hésite à faire ses plongeons.
Il n'a pas, comme Mai, ce feuillage splendide
Où l'Amour peut enfin s'ébattre court vêtu...
On ne dit pas : « Avril, quand donc reviendras-tu
« Nous apporter la feuille... » O poète candide,
Qui noircis du papier les rectos innocents,
Chante Avril, tu le dois, et, dans un tour habile,
Change les échalas en bosquets verdissants ;
Mais, laisse-moi, du moins, bien épancher ma bile.
Avril est un farceur! car, dès son premier jour,
Au lieu de s'occuper à fleurir les prairies,
A tisser, dans les bois, un tapis à l'amour,
Il nous plonge déjà dans les fumisteries !
Puis, c'est le mois du terme!.. Est-ce que ça vous plaît
De voir monter chez vous, porteur d'une quittance,
Ce type affreux, bouffi de son omnipotence,
Insolent et bavard, qu'on nomme un pipelet?
Pour les fils de Comus, Avril est incomplet :
Il n'a pas de gibier, ce mois de chrysocale !
Il fait le désespoir de Rose et de Toinon...
Et quoique l'*r* résonne encore dans son nom,
Moins bonne est l'Arcachon, moins fraîche est la Cancale.
Et, quand le quinze arrive! hélas! il faut les voir
Errer lugubrement sur les bords de la Seine,
Tous ces pauvres pêcheurs, dont l'âme, si sereine
Maintenant, est en proie au sombre désespoir,
Et qui, sur l'écriteau, la prunelle éperdue,
Lisent : « Pendant deux mois, la pêche est défendue! »
Tandis que leur douleur fait gémir les échos,
Le goujon, qui les raille, au bord de l'eau s'approche,

Et, dans la boîte en zinc, remisée en leur poche,
Grouillent, d'un air moqueur, les joyeux asticots !
Assez! Passons! Avril va réchauffer ta sève!
Nous n'avons pas besoin d'un mois officiel,
N'est-ce pas, mes amis, pour évoquer le rêve
Et pour teinter d'azur l'horizon et le ciel ?
Nous avons une fée, accorte et charmeresse,
Qui nous aime et qui vient, par sa douce caresse,
A nos accents légers donner le diapason.
Elle se moque bien que ce soit la saison
Du vent ou des lilas, de la neige ou des roses!
Pourvu qu'on ait au cœur l'amour et la gaîté,
Qu'on chante la patrie avec la liberté,
Elle nous livre à tous ses lèvres jamais closes.
Elle a, quand il lui plaît, des sourires d'enfant;
C'est elle qui dicta les refrains de nos pères,
Alerte, sans souci, pendant les jours prospères,
Et jetant aux pipeaux son couplet triomphant!
Puis, dans les jours de deuil, se réveillant française,
C'est elle qui volait, guidant nos bataillons
Et creusant dans les airs de lumineux sillons :
Et les rois se sauvaient, disant: *La Marseillaise*!
De son souffle gaulois, héroïque ou léger,
C'est elle qui berça Panard et Béranger,
Et Dupont et Nadaud, ces fils des vieux trouvères,
Dont ils ont tenu haut le joyeux écusson :
C'est pour elle, aujourd'hui, que nous choquons nos verres,
Camarades, debout! Je bois à la Chanson!!

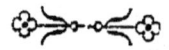

LA CHANSON AURA DE BEAUX JOURS

(Chanson de réception à la *Lice Chansonnière*)

Aujourd'hui, sept Juin, chers confrères,
Vous me recevez chansonnier.
Pour moi ne soyez pas sévères :
Je suis votre petit dernier.
Comme chez vous rien n'est morose,
La chanson tient lieu de discours.
Mon titre, en vous voyant, s'impose :
La Chanson aura de beaux jours !

Donc je suis votre gai complice ;
Merci ! merci ! mes bons amis ;
Dans les champs joyeux de la *Lice*
A glaner vous m'avez admis.
Tous les sujets sont pris... qu'importe !
Le vieux sera nouveau toujours...
Dame Bêtise n'est pas morte,
La Chanson aura de beaux jours.

Gommeux, pleins de chic et de pose,
Héros du turf, maîtres-cochers,
Dont tout le savoir se compose
De vingt mots d'anglais écorchés,
Votre candeur est infinie,
Mais pour nos muses quel secours !
Tant que vivra l'Anglomanie,
La Chanson aura de beaux jours !

Depuis Ève, un instant perplexe,
Que le serpent sut déniaiser,
Que de fronts l'adorable sexe
A-t-il dû minotauriser !
Dame ! on aime la friandise...
A moins qu'un Dieu, las des amours,
En bloc ne nous abélardise,
La Chanson aura de beaux jours !

Rabelais, à coups de lanière,
Moines paillards, vous a meurtris,
Et des verges du grand Molière
Les Tartufes sont mal guéris ;
Pourtant, sans honte ni mystère,
Vous pullulez, cuistres balourds !
Tant que vous noircirez la terre,
La Chanson aura de beaux jours !

La Bourse, aux clameurs bestiales,
Sert de piège pour les gogos
Dont les UNIONS GÉNÉRALES
Font disparaître les magots.
Ces *Krachs* nous font craquer de rire ;
Nos ventres seuls craignant les cours...
Tant qu'on verra Gogo souscrire,
La Chanson aura de beaux jours !

Sur notre glorieuse terre
Dire vrai n'est pas sans danger :
La Bastille enferma Voltaire,
Marchangy coffra Béranger.
Coupez ! rognez ! la Fantaisie
Se moque des lois de pandours...
Tant que doit vivre Anastasie,
La Chanson aura de beaux jours !

Tant qu'on verra les panses pleines
Des Turcarets, des vaniteux,
Des gens au sang bleu dans les veines,
Et des exploiteurs de bons Dieux ;
Tant qu'on verra, friands de bourdes,
Les manchots, les boiteux, les sourds,
Ingurgiter les eaux de Lourdes,
La Chanson aura de beaux jours !

JE SUIS CHAUVIN !

Si, de nos jours, au seul nom de la France,
Quelqu'un s'exalte et sent vibrer son cœur,
Dans ce nom-là s'il met son espérance,
C'est un « Chauvin, » dit-on, d'un air moqueur.
Moquez-vous donc, ignorants de l'Histoire !
Français bâtards ! pauvres petits esprits !
Si les grands noms de Patrie et de Gloire
Par ce « Chauvin » ne sont pas désappris !

Le cœur rempli de foi, croire que la « Patrie »
    N'est pas un mot sonore et vain,
Si c'est du chauvinisme, eh bien, soit ! qu'on en rie...
    Je suis Chauvin ! Chauvin ! toujours Chauvin !

Mon pays a des femmes ravissantes
Dont l'univers entier est amoureux,
Et de son sol, aux entrailles puissantes,
Le vin jaillit, comme un sang généreux !
A toute main sa main loyale s'ouvre ;
Les opprimés connaissent bien son nom,
Et, quel que soit le drapeau qui les couvre,
Aux malheureux a-t-il jamais dit : Non ?

Croire que mon pays est le plus beau du monde,
    Le plus noble, le plus humain,
Si c'est du chauvinisme, eh bien, soit ! qu'on me fronde...
    Je suis Chauvin ! Chauvin ! toujours Chauvin !

Mes yeux sont pleins des éclairs de l'épée
Que, le front haut, portèrent nos aïeux ;
Car chaque siècle a sa grande épopée,
Des fiers Gaulois aux Géants de l'An Deux !
Nous referons les sublimes étapes,
Où nos lauriers iront se reverdir...
Au Livre d'Or qui s'ouvrit à Jemmapes
Plus d'un feuillet reste encore à remplir !

Croire que l'avenir à notre vieille Gaule
    Réserve un glorieux destin,
Si c'est du chauvinisme, eh bien, haussez l'épaule !
    Je suis Chauvin ! Chauvin ! toujours Chauvin !

O mon pays ! que peut te faire, en somme,
Le beau dédain de ces gommeux repus ?
D'un bras puissant, tu tiens tes *Droits de l'homme*,
Et sous tes pieds gisent des fers rompus.
Poursuis ta route à travers le vieux Monde !
La liberté t'anime et te conduit ;
Va projeter ta lumière féconde
Sur tous les fronts qu'étreint encor la nuit !

Croire que tu seras, mon drapeau tricolore,
    Le guide du Progrès humain,
Si c'est du chauvinisme, eh bien, qu'on raille encore !..
    Je suis Chauvin ! Chauvin ! toujours Chauvin !

LES LUNETTES ROSES

Le monde est mal fait, ennuyeux,
A ce que disent, par les rues,
Un tas de gens sentencieux
Qui n'en font voir que les verrues ;
Moi, qui ne suis pas grand savant,
Sans rechercher effets ni causes,
Je trouve le monde charmant,
Car je mets des lunettes roses.

Des maris, qui me font pitié,
Rugissent le mot d'adultère
Quand ils surprennent leur moitié,
Sans eux, commentant le mystère ;
Ah ! si j'étais des magistrats
Qui les écoutent, portes closes,
Pour juger tous ces joyeux cas,
Je mettrais des lunettes roses.

Entendez-les ces fiers-à-bras,
Ces Catons de la politique
Toujours prêts à mettre habit bas
Pour servir la chose publique ;
Bientôt arrivés au pouvoir
Ils servent... leurs apothéoses...
Une fois en haut, pour tout voir,
Ils ont mis des lunettes roses.

Des amis de l'humanité,
A mon humble avis, le plus digne
D'être par nous toujours cité,
C'est Noé, qui planta la vigne !
Grâce à lui, soucis et douleurs
Ont de douces métamorphoses...
Le vin à tous les francs buveurs
Met au nez des lunettes roses.

Le bon Dieu, par un jour d'ennui,
Fabriqua l'homme à son image,
Puis l'examinant : « Aujourd'hui
« J'ai fait, dit-il, un bel ouvrage ! »
Mais le lendemain cependant,
N'ayant plus de pensers moroses,
Il fit la compagne d'Adam...
Il avait ses lunettes roses.

Foin des poètes éplorés
Qui chantent, le regard aux nues,
Des maux qu'ils n'ont pas endurés
Et des souffrances inconnues !
Ce n'est pas là l'esprit français,
Ces élégiaques chloroses...
Dans le pays de Rabelais
La muse a des lunettes roses.

CHANTONS LA VIGNE !

Musique d'Émile Durand

Aux flancs des vieux coteaux gaulois,
Qu'un soleil amoureux féconde,
La vigne, pliant sous le poids,
Livre à nos yeux sa moisson blonde.
Elle nous dit : J'apporte encor
Des beaux jours au pays de France !
Chacune de mes grappes d'or
Contient des rêves d'espérance !

Chantons la vigne, ô mes amis !
Chantons le vin de notre beau pays !
Que nos coupes soient pleines...
Car ce vin que nous chérissons,
A nos lèvres met des chansons
Et du sang rouge dans nos veines !

La vigne produit la liqueur
Qui déride les fronts sévères,
Et les meurtrissures du cœur
Se guérissent au fond des verres :
C'est un gai rayon du soleil
Que chaque bouteille emprisonne,
Et c'est tout un monde vermeil
Qui s'épanouit dans la tonne !

Chantons la vigne, ô mes amis !
Chantons le vin de notre beau pays !
Que nos coupes soient pleines...
Car ce vin que nous chérissons,
A nos lèvres met des chansons
Et du sang rouge dans nos veines !

Tant que la vigne poussera
Ses racines dans notre Gaule,
L'esprit français continuera
De jouer son glorieux rôle.
Oui ! tant que les ceps triomphants
S'élanceront de notre terre,
Nous resterons les vrais enfants
De Rabelais et de Voltaire !

Chantons la vigne, ô mes amis !
Chantons le vin de notre beau pays !
Que nos coupes soient pleines...
Car ce vin que nous chérissons,
A nos lèvres met des chansons
Et du sang rouge dans nos veines !

Tout comme le blé, le raisin
Est nécessaire à notre race...
Laissons donc la bière aux voisins,
C'est une tisane qui glace !
Puisqu'un Dieu superbe et puissant,
Un beau jour, nous donna la vigne,
Que notre cœur reconnaissant
Lui prouve qu'il en était digne !

Chantons la vigne, ô mes amis !
Chantons le vin de notre beau pays !
    Que nos coupes soient pleines...
Car ce vin que nous chérissons,
A nos lèvres met des chansons
Et du sang rouge dans nos veines.

LA CHANSON D'AUTREFOIS

Noble Chanson, qui désertas la France,
Les temps sont loin, où tes hardis couplets
Fêtaient l'Amour, la Gloire et l'Espérance
Et couronnaient tous les joyeux banquets.
Jours regrettés, où les âmes françaises,
A tes accents, savaient se souvenir,
Où les flonflons étaient des *Marseillaises*
Qui découvraient les champs de l'Avenir !

Reviens, Chanson, à ton charmant empire
Assujettir encor tes fils gaulois...
   Rends-nous le sain et joyeux rire,
   Rends-nous les refrains d'autrefois !

Nos bons aïeux savaient vider leurs verres ;
A tour de rôle, ils disaient sans façon
Tes gais refrains, puis embrassaient nos mères,
Et nous naissions, parfois, d'une chanson.
Chantant le vin, nos pères savaient boire...
Sachant aimer, ils chantaient les amours...
Et le *Grenier* et *Madame Grégoire*
Valaient pour eux plus que nos longs discours.

Reviens, Chanson, à ton charmant empire
Assujettir encor tes fils gaulois...
    Rends-nous le sain et joyeux rire,
    Rends-nous les refrains d'autrefois !

Le thème était l'amour de la Patrie ;
Et, soit qu'il bût à son drapeau vainqueur,
Soit qu'il pleurât la liberté flétrie,
Quand l'un chantait, tous reprenaient en chœur !
Que c'était beau ! D'une énergique ronde
Les fiers accents vibraient à l'étranger...
Tous nos couplets faisaient le tour du Monde !
La France alors s'appelait : *Béranger*.

Reviens, Chanson, à ton charmant empire
Assujettir encor tes fils gaulois...
    Rends-nous le sain et joyeux rire,
    Rends-nous les refrains d'autrefois !

En vain chez nous, quittant ta fière trace,
Des airs bâtards ont usurpé ton nom ;
Ils vont mourir ! Découvre-toi la face
Et chez tes fils reviens, noble Chanson !
Il faut des chants à la France nouvelle,
Pour ses festins comme pour ses combats...
Qu'Anacréon ressuscite pour elle,
Et qu'un Tyrtée enflamme ses soldats !

Reviens, Chanson, à ton charmant empire
Assujettir encor tes fils gaulois...
   Rends-nous le sain et joyeux rire,
   Rends-nous les refrains d'autrefois ! (*)

(*) Musique de Alf. d'Hack, chez Blanchet, rue Notre-Dame-de-Nazareth, 21.

MON CHAPEAU DES DIMANCHES

C'était Dimanche, et l'on devait
Aller au bois cueillir la fraise,
En famille ; Paul en était,
Et mon cœur en tressautait d'aise.
L'heure sonne, aussitôt on part.
Deux par deux, la bande s'élance ;
J'étais près de Paul... par hasard...
Il m'offrit son bras en silence ;
Ce bras frémissait sur le mien...
Dans ses yeux je lisais sa fièvre,
Il voulait parler, mais sa lèvre
Tremblait, sans laisser passer rien.

J'avais ma plus belle toilette :
A dix huit ans, être coquette
    C'est bien permis.
Pour étrenner ses roses blanches,
    Moi, j'avais mis
Mon joli chapeau des Dimanches.

Une heure après, dans le grand bois,
Loin de la bande dispersée,

Je sus, pour la première fois,
Que j'étais toute sa pensée.
Ah ! qu'il m'aimait ! et quel beau jour !
Les oiseaux chantaient à tue-tête ;
Un long bruissement d'amour
Emplissait la nature en fête.
Il faisait chaud... nous étions las...
(Voyez comme tout ça s'enchaîne)
Nous nous assîmes sous un chêne...
Dame ! moi, je ne savais pas.

Il me disait bien bas : « Je t'aime ! »
Moi, je lui répondais de même,
   Timidement...
Et j'avais posé sur les branches,
   Soigneusement,
Mon joli chapeau des Dimanches.

Il me disait comment, un soir,
Naquit sa flamme sans pareille,
Que j'étais son tout, son espoir...
Sa lèvre effleurait mon oreille,
J'étais troublée, et de mon cœur
Partait un petit cri d'alarme...
Je me levai, car j'avais peur
Et je voulais rompre le charme ;
Je courus prendre mon chapeau,
Mais je ne le pus, je vous jure,
Quand j'aperçus, dans ma coiffure,
Ce ravissant petit tableau :

Au fond, blottis, sans rien entendre,
Se becquetant de façon tendre,
    A l'infini...
Deux chardonnerets, sous les branches,
    Prenaient pour nid
Mon joli chapeau des Dimanches.

Oh! vilains et... charmants oiseaux,
C'est bien vous qui fûtes la cause
Qu'on gronda fort les tourtereaux,
A leur rentrée à la nuit close.
Paul m'épousa, mais les époux
Gardent, malgré le temps qui vole,
Toujours le souvenir bien doux
Des deux oiseaux maîtres d'école.
Chaque printemps, comme autrefois,
Nous voit encor sous le grand chêne,
Et Paul, pour redorer la chaîne,
N'a qu'à me redire à mi-voix :

« C'est ici, mon ange... ma femme...
« Que ton doux cœur s'est à ma flamme
    Abandonné...
« Qu'il s'est, grâce au nid sous les branches,
    Tant chiffonné...
« Ton joli chapeau des Dimanches. » (*)

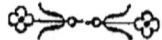

(*) Musique de G. Michiels, chez Énoch et Costallat, Boulevard des Italiens, 27.

A Boudouresque

LE CHÊNE GAULOIS

Le chêne, plein de frais murmures,
Au soleil levant se dorait,
Et ce géant de la forêt
Disait, secouant ses ramures :
« Humbles buissons des alentours,
« Peupliers, hêtres, pins et saules,
« Je vais vous chanter les grands jours
« De ma vieille terre des Gaules. »

Et le vent qui passait, frémissant sous les bois,
Portait jusqu'au vallon, portait jusqu'à la plaine,
  La chanson du vieux chêne,
  Du vieux chêne gaulois.

« Ils sont loin les temps de vaillance
« Où mes Gaulois audacieux
« Dressaient, menaçants, vers les cieux,
« Leurs fronts, ivres d'indépendance.
« C'est d'ici, sous mes rameaux verts,
« Qu'ils s'en allaient chercher la gloire,
« Et leur lance, dans l'Univers,
« A partout gravé notre histoire ! »

Et le vent qui passait, frémissant sous les bois,
Portait jusqu'au vallon, portait jusqu'à la plaine,
    La chanson du vieux chêne,
    Du vieux chêne gaulois.

« J'ai vu, sous mon épais feuillage,
« Les vassaux du baron puissant
« Se réunir, offrant leur sang
« Pour briser l'odieux servage !
« Sur mon tronc, ces mots effacés,
« Qui semblent des crevasses brunes,
« Le peuple alors les a tracés :
« C'est le grand Pacte des Communes ! »

Et le vent qui passait, frémissant sous les bois,
Portait jusqu'au vallon, portait jusqu'à la plaine,
    La chanson du vieux chêne,
    Du vieux chêne gaulois.

« Un jour, une aube éblouissante
« Éclaira mon faîte indompté,
« Un souffle ardent de liberté
« Passait sur l'Europe tremblante !
« Et j'ai vu, drapeaux déployés,
« A mon ombre, immense et joyeuse,
« Se reposer les va-nu-pieds
« Du bataillon de Sambre-et-Meuse. »

Et le vent qui passait, frémissant sous les bois,
Portait jusqu'au vallon, portait jusqu'à la plaine,
    La chanson du vieux chêne,
    Du vieux chêne gaulois.

« Hélas ! par le nombre et la force
« Il fut vaincu, mon beau pays...
« J'ai vu, des étrangers haïs,
« Les chevaux ronger mon écorce !
« Mais cette écorce a repoussé
« Et je suis toujours le grand chêne
« Qui chante l'immortel passé
« Et la renaissance prochaine ! »

Et le vent qui passait, frémissant sous les bois,
Portait jusqu'au vallon, portait jusqu'à la plaine,
    La chanson du vieux chêne,
    Du vieux chêne gaulois. (*)

(*) Musique de Fauchey d'Orvict, chez Egrot, boulevard de Strasbourg, 25.

A Madame Auguste Gal

SUR LES BORDS DE L'ARNO

    La nuit couvre d'un voile immense
    La cime des monts argentés
    Et les étoiles, sur Florence,
    Répandent leurs douces clartés ;
    Au loin, dans les bois solitaires,
    Où règne un printemps éternel,
    Les cloches des vieux monastères
    Ont fini de parler au Ciel.

Dans Florence endormie au pied de ses collines,
Cœurs épris d'idéal ! Vous qui cherchez le Beau !
Venez rêver d'amour, au son des mandolines,
    Sur les bords de l'Arno.

    Voici l'heure des cavalcades.
    Aux balcons fleuris des villas,
    Entendez-vous les sérénades
    Dont s'enivrent les signoras ?
    Là-bas, sur la dalle sonore
    Du cloître qui dort dans la nuit,
    Un couple d'amoureux implore
    La Madone, qui lui sourit.

Dans Florence endormie au pied de ses collines,
Cœurs épris d'idéal ! Vous qui cherchez le Beau !
Venez rêver d'amour, au son des mandolines,
    Sur les bords de l'Arno.

  La brise embaume dans l'espace,
  Mettant la fièvre aux cœurs aimants,
  Et la luciole qui passe
  Éclaire des tableaux charmants ;
  L'amour semble animer les marbres
  Avec ses souffles embrasés
  Et le frémissement des arbres
  Se mêle à celui des baisers !

Dans Florence endormie au pied de ses collines,
Cœurs épris d'idéal! Vous qui cherchez le Beau !
Venez rêver d'amour, au son des mandolines,
    Sur les bords de l'Arno.

  Alors que la cité repose,
  L'esprit du penseur, éveillé,
  Évoque un passé grandiose
  Qui renaît tout ensoleillé !
  Il revoit les temps magnifiques
  Où les Grands-Ducs trônaient, hautains ;
  Il entend les sonnets magiques
  Des vieux poètes florentins !

Dans Florence endormie au pied de ses collines,
Cœurs épris d'idéal ! Vous qui cherchez le Beau !
Venez rêver d'amour, au son des mandolines,
    Sur les bords de l'Arno.

C'est d'ici que la Renaissance
A pris son essor glorieux...
Beaux jours de gloire et de puissance,
Revivez encore à nos yeux !
Ils ont pris fin les siècles sombres
Devant l'art sublime, infini...
Sur nous planez, ô grandes ombres
De Michel-Ange et Cellini !

Dans Florence endormie au pied de ses collines,
Cœurs épris d'idéal ! Vous qui cherchez le Beau !
Venez rêver d'amour, au son des mandolines,
    Sur les bords de l'Arno. (*)

(*) Musique de H. Chatau, chez Egrot, boulevard de Strasbourg, 25.

UN FRANC BOURGUIGNON

Que, chez eux, les bavards causent de politique
Avec des airs pédants et des mots ennuyeux,
Chez moi, les glouglous seuls me donnent la réplique
Et ce n'est qu'au vieux vin que je fais les doux yeux.
Que m'importent les gens qui se livrent bataille
    Pour des candidats,
    Quêteurs de mandats ?
Moi, je possède un trône... et c'est une futaille !
Où ma panse, à loisir, prend ses joyeux ébats.

   Pourvu qu'à l'automne,
    S'emplisse ma tonne
   De raisin bourguignon,
  Je dis que la vie est bonne !
  Car on croit, dans le canton,
  Que notre vin sera bon,
   Et je mets ma gloire
    A boire !

Je ris de ces plats gueux briguant — faveur insigne —
Les regards des puissants, dont ils baisent les pas...
Je n'ai courbé le dos que pour tailler ma vigne
Et c'est à mon foyer que je prends mes repas.
Si, quelquefois, ce front, que la gaité colore
    D'un reflet pareil
   Au clairet vermeil,
S'incline, suppliant... si parfois il implore,
Morbleu ! c'est qu'il s'adresse au bon ami soleil !

   Pourvu qu'à l'automne,
   S'emplisse ma tonne
   De raisin bourguignon,
  Je dis que la vie est bonne !
  Car on croit, dans le canton,
  Que notre vin sera bon,
   Et je mets ma gloire
    A boire !

On dit que le bon vin est l'ennemi des belles
Et que le franc buveur est un triste amoureux...
Jamais les cotillons ne m'ont été rebelles
Et je ne connais pas ces effets désastreux.
Mes petits vignerons se chiffrent par douzaine,
   Et, ma Jeanneton
   Aimant le picton,
Nous prouvons que chez nous la recette est certaine
Et nous faisons mentir le stupide dicton !

Pourvu qu'à l'automne,
S'emplisse ma tonne
De raisin bourguignon,
Je dis que la vie est bonne !
Car on croit, dans le canton,
Que notre vin sera bon,
Et je mets ma gloire
A boire !

Lorsque viendra mon tour, sans trop d'humeur chagrine,
J'irai, puisqu'il le faut, aux pays inconnus...
Mais, je dois l'avouer, un sujet me taquine,
C'est de penser que, là, sans doute on ne boit plus.
Aussi, fort inquiet d'une telle occurrence,
Comme je prévois
Ma gorge aux abois,
Quand elle n'aura plus ses gros tonneaux de France,
En homme prévoyant, d'avance, je les bois !

Pourvu qu'à l'automne,
S'emplisse ma tonne
De raisin bourguignon,
Je dis que la vie est bonne !
Car on croit, dans le canton,
Que notre vin sera bon,
Et je mets ma gloire
A boire !

(*) Musique de Byrec, à la Société Anonyme d'édition, rue d'Enghien, 7.

LES ESPRITS DE L'ATRE

Le vent du Nord siffle aigu dans l'espace ;
Il a neigé sur les toits des maisons
Et, dès le soir, la famille prend place
Autour de l'âtre, où flambent les tisons.
De mille riens se fait la causerie...
Puis tout, bientôt, devient silencieux
Et chacun suit sa propre rêverie
Qui prend un corps dans les gerbes de feux.

Chantez ! joyeux esprits de l'âtre !
    Chantez ! et consolez...
  Et, dans votre flamme bleuâtre,
Faites revivre encor les beaux jours envolés !

Dans un fauteuil rêve la bonne mère ;
Quelque lutin, dansant sur le chenet,
Met une larme au bord de sa paupière...
Larme bien douce où son vieux cœur renaît.
De ses vingt ans le fantôme s'éveille...
Les souvenirs accourent à sa voix,
Et grand'maman semble prêter l'oreille
Aux chers aveux entendus autrefois.

Chantez ! joyeux esprits de l'âtre !
Chantez ! et consolez...
Et, dans votre flamme bleuâtre,
Faites revivre encor les beaux jours envolés !

Lui, le grand-père, un vieux brave d'Afrique,
Soudain, se dresse ! Il entend les clairons...
Et, dans la flamme, ô vision magique !
Il voit voler ses anciens escadrons !
C'est la bataille !.. En avant !.. Il s'élance !..
L'ennemi cède à ses coups foudroyants !
Et sa voix tonne : « A nous !.. Vive la France ! »
— Et tous les siens l'écoutent, souriants. —

Chantez ! joyeux esprits de l'âtre !
Chantez ! et consolez...
Et, dans votre flamme bleuâtre,
Faites revivre encor les beaux jours envolés !

Pendant qu'ici, dans leurs douces pensées,
Les deux bons vieux s'absorbent tout heureux,
A l'autre coin, les mains entrelacées,
Rêve en silence un couple d'amoureux.
Que cherchent-ils dans la flamme muette ?
Nul ne le sait... mais un lutin charmant
Met des rougeurs au front de la fillette
Et des éclairs dans les yeux de l'amant.

Chantez ! joyeux esprits de l'âtre !
Chantez ! chantez encor...
Et, dans votre flamme bleuâtre,
Faites devant leurs yeux passer des rêves d'or ! (*)

(*) Musique de A. Godefroy, chez Bathlot, rue de l'Échiquier, 39.

A Monsieur Alphonse Péphau

VOUS AUREZ BEAU DIRE, COMPÈRE !

Allons ! allons ! mon vieux Grégoire,
Ne grondez pas entre les dents ;
Vous êtes terrible, après boire,
Avec vos regrets du vieux temps.
« Autrefois, nous étions plus sages ! »
Dites-vous. Calmez ce souci...
C'est un cliché de tous les âges,
Vos pères vous l'ont dit aussi.

Eh ! si vous le voulez, compère,
Buvez à ce temps regretté ;
Mais, vous aurez beau dire et beau faire,
 Ce n'est pas en arrière
Qu'il faut chercher la Vérité.

Ce qui dans le cerveau vous trotte,
Est-ce le temps où les puissants
Daignaient, du talon de leur botte,
Marquer la nuque des manants ?
Ah ! c'était d'un effet superbe
Ces splendeurs, ces galants tournois
Et... ce peuple qui broutait l'herbe
Jusqu'au seuil du palais des rois !

Eh ! si vous le voulez, compère,
Buvez à ce temps regretté ;
Mais, vous aurez beau dire et beau faire,
    Ce n'est pas en arrière
Qu'il faut chercher l'Humanité.

« Ah ! ce ne sont pas les Versailles, »
Dites-vous ?.. « c'est le jour d'après... »
Et vous regrettez les batailles
Et le grand planteur de cyprès ?
C'était là le temps héroïque,
N'est-ce pas ? quand, grâce aux drapeaux,
On bâillonnait la République
Avec ses chartes en lambeaux !

Eh ! si vous le voulez, compère,
Buvez à ce temps regretté ;
Mais, vous aurez beau dire et beau faire,
    Ce n'est pas en arrière
Qu'il faut chercher la Liberté.

Vous le savez bien, quoi qu'on fasse,
On ne va pas rétrogradant;
Chaque siècle laisse une trace
Et marque une étape en avant.
Compère, il ne faut pas médire
D'un temps qui vous fait citoyen...
Où les enfants savent tous lire,
Où le travail donne du pain.

Eh ! si vous le voulez, compère,
Buvez à ce temps regretté ;
Mais, vous aurez beau dire et beau faire,
　　Ce n'est pas en arrière
　　Qu'il faut chercher l'Egalité. (*)

(*) Musique d'Alfred d'Hack, chez Labbé, rue du Croissant, 20.

CHANTE, JOYEUX PRINTEMPS !

Le Printemps revient... tout tressaille
Sous les grands bois, dans les halliers...
Déjà l'oiseau, par la broussaille,
Cherche des coins hospitaliers ;
L'amour va chanter sa douce romance,
La sève frémir aux troncs épuisés...
Écoutez passer ce frisson immense,
Fait de fous désirs et d'ardents baisers !

Chante, joyeux Printemps ! A notre âme ravie
Donne encore l'espoir d'un heureux lendemain
Et fais-nous oublier, qu'en parcourant la vie,
On laisse de son cœur aux buissons du chemin.

Le sillon verdit... dans la terre
Le labeur géant s'accomplit...
La forêt, toujours solitaire,
De taillis ombreux se remplit.
C'est là, qu'autrefois, dans la mousse verte,
Nous courions, grisés de serments vainqueurs...
Des amours trahis la plaie entr'ouverte
Saigne encor parfois au fond de nos cœurs !

Chante, joyeux Printemps ! A notre âme ravie
Donne encore l'espoir d'un heureux lendemain
Et fais-nous oublier, qu'en parcourant la vie,
On laisse de son cœur aux buissons du chemin.

    Lorsque la nuit vient... que ses voiles
      Couvrent les horizons dorés,
      Nous allons, parmi les étoiles,
      Chercher nos astres préférés.
Sur les ailes d'or des rêves sublimes,
Voyageant là-haut, les sens éperdus,
  Nous voyons passer, dans les bleus abîmes,
Tous nos êtres chers, à jamais perdus !

Chante, joyeux Printemps ! A notre âme ravie
Donne encore l'espoir d'un heureux lendemain
Et fais-nous oublier, qu'en parcourant la vie,
On laisse de son cœur aux buissons du chemin.

LA CAUSE ET L'EFFET

Pour un rien, nous nous étonnons !..
Si nous voulons que toute chose
Devienne claire, examinons
    D'abord la cause...
Par elle, bientôt, il se fait
Que tout s'enchaîne et tout s'explique :
Car telle cause, c'est logique,
    Veut tel effet.

Souvent fréquenter les Brébants,
Être un des protecteurs de Rose,
Offrir chevaux et diamants,
    Voilà la cause...
Un huissier, chargé d'un protêt,
Un beau matin, viendra vous dire :
« Pardon ! Monsieur, savez-vous lire ?
    « Voilà l'effet ! »

Ne rien changer à ce tableau,
Continuer la même pose
Et croquer son dernier morceau,
  Voilà la cause...
Puis chez sa *tante* au sein discret
Porter jusqu'à l'indispensable
Et dire d'un ton lamentable :
  « Voilà l'effet ! »

Un beau gandin tout feu, tout miel,
Un rendez-vous à la nuit close,
Avec un serment éternel,
  Voilà la cause...
Des pleurs, le visage défait,
Une démarche... intéressante,
Arthur lâchant la pauvre amante :
  Voilà l'effet.

Prendre jeunesse à soixante ans,
Croire qu'une métamorphose
Fera croquer de vieilles dents :
  Voilà la cause...
Un matin, trouver qu'on a fait
Du beau contrat une écumoire...
Surprendre un cousin dans l'armoire !
  Voilà l'effet.

Deux souverains, deux rois puissants,
Se disputant pour une clause
Qui partage mal deux étangs,
    Voilà la cause...
Des peuples supprimés d'un trait,
Cent mille hommes couchés sous terre,
Invasion ! Meurtre !! Misère !!!
    Voilà l'effet.

Ce que promet un prétendant :
Un avenir où tout est rose,
Paix, liberté, travail, argent...
    Voilà la cause...
La mine du peuple benêt,
Aussitôt la farce jouée,
Et la nation muselée :
    Voilà l'effet.

Que d'amants de la vérité
Ont, en vers aussi bien qu'en prose,
Des vices de l'humanité
    Flétri la cause...
L'homme n'en est pas plus parfait,
Mêmes vices, même misère,
Pas un moine de moins sur terre...
    Voilà l'effet.

Servir un maître généreux
Et, pendant son apothéose,
Profiter des moments heureux,
  Voilà la cause...
Un beau jour, le chef est défait...
Tour à gauche ! et l'homme pratique
Rebadigeonne sa boutique :
  Voilà l'effet.

Prendre, loin des bruits hasardeux,
Doux minois dont seul on dispose...
Rêver la solitude à deux,
  Voilà la cause...
Souvent, dans un enfer complet,
N'avoir, ô chicorée amère !
Épousé qu'une belle-mère !
  Voilà l'effet.

LE DRAPEAU

Que les malins haussent l'épaule !
Je dis qu'en notre vieille Gaule
Il est un symbole sacré,
Par tous salué, révéré.
A son aspect, chacun s'enflamme...
On sent comme un frisson d'orgueil
Qui vous met un éclair dans l'œil
Et des tressaillements dans l'âme !

C'est un chiffon,
Bleu, blanc, rouge, au bout d'un bâton...
Chacun pour lui se fait trouer la peau,
Car ce chiffon... c'est le Drapeau !

Jean soupire après sa chaumière...
Il pleure sa Jeanne et sa mère,
Car Jean est un petit conscrit,
Faible de corps, faible d'esprit ;
Mais, quand vient le jour de bataille,
A la peur donnant son congé,
Il se bat comme un enragé !..
Qui lui grandit ainsi la taille ?

C'est un chiffon,
Bleu, blanc, rouge, au bout d'un bâton...
Pour lui, chacun se fait trouer la peau,
Car ce chiffon, c'est le Drapeau !

Le feu, par files, les emporte !..
Ils ne sont plus que cent... qu'importe !..
Plus que dix !.. le reste est à bas...
Tirez !.. ils ne se rendront pas
Tant qu'une poitrine meurtrie,
Sanglante, pourra l'abriter,
Tant qu'une main pourra porter
Cet emblème de la Patrie,

Ce vieux chiffon,
Bleu, blanc, rouge, au bout d'un bâton,
Chacun, pour lui, fera trouer sa peau,
Car ce chiffon... c'est le Drapeau !

Matelots, qui courez le monde,
Quand parfois, sur la mer profonde,
Apparaît à vos yeux ravis
Un vaisseau de votre pays,
O vieux gabiers, et jeunes mousses !
Pourquoi donc tous ces chants joyeux ?
Qu'avez-vous vu, pour que vos yeux
S'emplissent de larmes si douces ?

C'est un chiffon,
Bleu, blanc, rouge, au bout d'un bâton.
Pour lui, chacun se fait trouer la peau,
Car ce chiffon, c'est le Drapeau !

Il a flotté, couvert de gloire,
A tous les vents, et la victoire
L'a conduit par tout l'Univers,
Superbe, même en ses revers !
Aux jours de guerre et de souffrance
Sous ses plis on voit se ranger,
Pour faire face à l'étranger,
Tous les partis de notre France !

Pour ce chiffon,
Bleu, blanc, rouge, au bout d'un bâton,
Chacun gaîment se fait trouer la peau,
Car ce chiffon... c'est le Drapeau !

VILLANELLE

Un jour, avec mon cousin
Nous étions au bois voisin
    Du village,
Il faisait doux... le moment
Pour causer était charmant,
    Sous l'ombrage,
Mais François ne disait rien,
Et moi je le trouvais bien
    Malhonnête.
Lorsque fauvette et pinson
Gazouillent dans le buisson
Leur captivante chanson,
Le silence d'un garçon
    C'est bête !

Mais, bientôt, il s'enhardit...
Tout bas, bien bas, il me dit :
« Madeleine,
« Tu possèdes tout mon cœur !
« Ne prends pas cet air moqueur
« Qui me peine...
« Voilà déjà six grands mois
« Que ton pauvre ami François
« Perd la tête ! »
L'éloquence lui venait !
Moi, qui le croyais benêt !..
Maintenant, il m'étonnait...
Parfois, un garçon ça n'est
Pas bête !

Au beau milieu du chemin,
Ne porta-t-il pas ma main
A sa lèvre !
Puis il voulut un baiser...
J'avais, pour le refuser,
Trop de fièvre.
Mais le garde forestier
Vint troubler dans le sentier
Cette fête !
François en était resté
Bouche ouverte, à mon côté,
Moi, j'avais l'air dépité...
Ah ! parfois l'Autorité
C'est bête !

Le garde jasa partout ;
Tant mieux !.. j'en fus, après tout,
　　　Bien ravie,
Car, sur l'avis de maman,
On nous unit promptement
　　　Pour la vie.
Ah ! que c'est gentil l'amour !
Et ma joie, en ce beau jour,
　　　Fut complète...
Une fois rentrés chez nous,
Il me dit des mots si doux
Que je trouvai, savez-vous,
L'invention des époux
　　　Pas bête !

LES TSIGANES

Nous sommes des fils du soleil,
Nous, les Tsiganes, fière race
Dont tout chemin porte une trace,
Du Nord à l'Orient vermeil.
C'est à l'Inde, à la vieille terre
Qui dort sous les cieux embrasés,
Que nous devons nos fronts bronzés
Et nos yeux noirs pleins de mystère.

Par les monts et la plaine, au son des tambourins,
      Nous rythmons la cadence
      De nos joyeux refrains,
Où nous chantons l'amour et notre indépendance !

Libres comme l'aigle puissant,
Ivres d'air et de poésie,
Au gré de notre fantaisie
Nous allons, chantant et dansant.
Sur la cithare, aux notes grêles,
Nous disons les babils d'oiseaux,
Et le murmure des ruisseaux,
Et les amours des cœurs fidèles.

Par les monts et la plaine, au son des tambourins,
  Nous rythmons la cadence
  De nos joyeux refrains,
Où nous chantons l'amour et notre indépendance !

  A nous la grève ! A nous les monts !
  A nous la plaine aux fleurs écloses,
  Les prés verts, les bois et les roses...
  Voilà tout ce que nous aimons !
  Vos splendeurs ne sont que chimère
  Auprès de celles des forêts...
  Et nous savons tous les secrets
  De la Nature, notre Mère !

Par les monts et la plaine, au son des tambourins,
  Nous rythmons la cadence
  De nos joyeux refrains
Où nous chantons l'amour et notre indépendance !

PAUVRE PIERROT!

Ce fut une horrible dispute,
Qui, ce jour, en une minute,
Mit l'alarme dans tous les nids.
Un vieux moineau cherchait querelle
A sa jeune moitié rebelle,
Qui remplissait l'air de ses cris.
Tous les petits becs du bocage,
Attentifs, s'étaient tus, soudain,
Devant la scène de ménage...
Et les cancans allaient d'un train!..

Tu peux la battre tout à l'aise,
    Mais ce que pèse
    Parfois un mot,
On voit que tu ne le sais guère...
    Trop de colère,
    Pauvre Pierrot!

« Oui !.. (criait Pierrot à tue-tête)
« Je l'ai surpris, sotte coquette,
« Là... sur la branche d'à côté...
« Il te lorgnait, le rien qui vaille,
« Qui ne rêve que de bataille !
« Tu l'aimes donc, cet effronté ?..
« Tout fier de sa force insolente,
« Il brave, le mauvais sujet,
« Notre tribu trop patiente :
« C'est la honte de la forêt ! »

— « Quoi ! brave et fort ! » fait la coquette...
   Dès lors, Pierrette
   Répond moins haut ;
Mais son petit cerveau se creuse...
   Elle est rêveuse...
   Pauvre Pierrot !

Mais Pierrot poursuivait quand même :
« Il jette dans un trouble extrême
« Les ménages les plus unis !..
« Il a commis crimes sur crimes
« Et rempli d'œufs illégitimes
« Tous les malheureux petits nids !
« Il se croit, grâce à sa voix tendre,
« Tout permis, ce coureur fieffé !.. »
Elle, ne semblait plus entendre
Son grognon tout ébouriffé !..

« Tendre... coureur... » soupirait-elle...
  Et sa cervelle
  Prenait le trot...
Va... jalouse, tempête et grogne...
  Belle besogne,
  Pauvre Pierrot !

Un beau matin, à tire d'aile,
Pierrot demandait l'infidèle
A tous les bois, à tous les prés ;
Fou de douleur, ivre de rage,
Il était à bout de courage...
Elle revint... huit jours après !
Ah ! sa colère fut terrible !
Il la battit en vrai jaloux ;
Pierrette, semblant insensible,
Disait, sous la grêle des coups :

« Frappe !.. tu sus si bien, mon maître,
  « Ne pas omettre
  « Un seul défaut...
« Il les a tous !.. frappe ! je l'aime
  « Plus que moi-même ! »
  Pauvre Pierrot !

Messieurs, il faut qu'ici j'explique.
Que cette histoire est authentique :

Je puis vous nommer la forêt...
Mais que serait ma chansonnette,
Si la morale, claire et nette,
N'en sortait au dernier couplet ?
La voici donc : Maris novices,
A vos femmes, quoique jaloux,
Taisez bien les aimables vices
Des galants rôdant près de vous ;

Posez-vous toujours en modèles...
    Soyez pour elles
    Le dernier mot...
Effacez, sous l'amant, le maître,
    Pour ne pas être...
    Pauvre Pierrot ! (*)

(*) Musique de G. MICHIELS, chez LABBÉ, rue du Croissant, 20.

SOUS LES TOITS

Quand nous entrâmes en ménage,
Pour tout bien n'ayant que l'amour,
Dans le coin d'un sixième étage
Nous nous logeâmes, un beau jour.
Dame ! la bourse était légère,
La mansarde avait bien des trous,
Mais tout ça ne nous gênait guère,
Car on s'aimait comme des fous !
Nous n'avions pour toutes visites
Que celles du moineau jaseur
Qui venait becqueter, sans peur,
Mes jasmins et mes clématites.

Sous les toits,
Nos jours passaient remplis d'ivresse,
Et nous chantions notre jeunesse,
A pleine voix ;
Le soleil dorait la couchette
Dans la bienheureuse chambrette,
Sous les toits.

L'hiver, avec son froid cortège,
Vint siffler ses airs menaçants,
Mais nos baisers fondaient la neige...
Ces hivers-là... sont des printemps.
Au dehors, le vent faisait rage,
Mais Paul trouvait remède à tout :
« Jeanne... j'ai froid... » — Paul ! soyez sage...»
Et l'on se taquinait beaucoup.
— « Paul, tu vas voir !.. » — « Fi ! la grondeuse,
« Je grelotte... encore un baiser... »
Je ne pouvais le refuser,
Comme lui, j'étais... si frileuse !

   Sous les toits,
Cet hiver passa comme un rêve !
Nos cœurs avaient gardé la sève
   Des joyeux mois.
En ce temps-là, pressés de vivre,
Ah ! comme nous bravions le givre,
   Sous les toits.

Vis-à-vis de notre nid rose,
Bien souvent nous suivions des yeux
Un couple riche, mais morose,
De ceux qu'on nomme les heureux !
A table, ils bâillaient tout à l'aise...
Loin de l'autre tristement,
Quand, chez nous, un verre, une chaise
Pour deux suffisaient amplement.

Et le soir, — c'était à les battre ! —
Ils se séparaient... jusqu'au jour !
Nous, pour venger le pauvre Amour,
Nous devions nous aimer pour quatre !

   Sous les toits,
Nous disions dans une caresse :
« Vivent les nids que l'amour dresse
   « En tapinois !
« Va, l'argent rend les cœurs arides :
« On est plus près des cieux limpides,
   « Sous les toits. »

Notre bonheur, dans la mansarde,
Se cachait, prudent et jaloux ;
L'Amour malin montait la garde
Et tenait fermés les verrous.
Jamais de voisine importune
Ne dérangeait notre entretien,
Et même l'indiscrète lune,
Grâce au rideau, ne voyait rien.
Puis une mignonnette blonde,
Aux grands yeux bleus, à l'air mutin,
Un jour d'été, de bon matin,
Vint faire son entrée au monde.

   Sous les toits,
Nous l'appelâmes Marguerite,
Mais la chambre devint petite
   Pour tous les trois ;

Et, non sans regret, nous quittâmes
Ce nid où tant nous nous aimâmes,
    Sous les toits.

Ces jours sont loin ! mais, quelle fête
Quand nous pouvons aller tous deux
A la bienheureuse chambrette,
Où chaque objet nous parle d'eux.
— « C'est ici qu'était notre table... »
— « Ici, la chaise... » — « Au temps enfui,
« Paul, tu n'étais pas raisonnable,
« A beaucoup près, comme aujourd'hui... »
— « Vois, là-bas, le mur garde encore
« Plus d'un serment mal effacé...
« Ce *je t'aime !* je l'ai tracé... »
— « Lis ma réponse : *Je t'adore !* »

    Sous les toits,
Ces souvenirs nous vont à l'âme
Et viennent raviver la flamme
    Comme autrefois ;
Un souffle printanier caresse
Nos fronts où renaît la jeunesse,
    Sous les toits. (*)

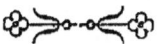

(*) Musique de G. Michiels, chez Blanchot, rue Notre-Dame-de-Nazareth, 21.

FAITES DES CHANSONS

Dieu dit un jour au prolétaire,
Qui réclamait sa liberté :
« Ton rôle est tracé sur la terre,
« Courbe-toi sous ma volonté !
« Tu travailleras sans relâche,
« Mais, jusqu'au jour de la rançon,
« Pour te soutenir dans la tâche,
« Je vais te donner la chanson. »

A tous les petits, à toute souffrance,
Aux noirs ateliers comme aux verts buissons,
Poètes aimés, donnez l'espérance :
Pour les travailleurs, faites des chansons.

Oui ! c'est la chanson qui console
Le paysan et l'ouvrier ;
La mère, endormant son idole,
Chante près du berceau d'osier.
Qui fait au matelot, sur l'onde,
Supporter le sort inégal ?
C'est le doux refrain d'une ronde
Qui parle du pays natal.

A tous les petits, à toute souffrance,
Aux noirs ateliers comme aux verts buissons,
Poètes aimés, donnez l'espérance :
Pour les travailleurs, faites des chansons.

Donnez au forçat de l'usine,
Au va-nu-pieds déshérité,
Au blême rampant de la mine,
Donnez l'espoir et la gaîté !
Qu'ils chantent les bois remplis d'ombre !
Le ciel d'azur ! les grands chemins !
Il faut jeter dans leur nuit sombre
L'illusion à pleines mains !

A tous les petits, à toute souffrance,
Aux noirs ateliers comme aux verts buissons,
Poètes aimés, donnez l'espérance :
Pour les travailleurs, faites des chansons.

La chanson des peuples esclaves
N'est d'abord qu'un désir naissant ;
Mais, bientôt, bravant les entraves,
Le couplet va, s'élargissant.
Soudain, d'une immense fournaise
De fers rompus, de vieux pavois,
Sort une ardente Marseillaise
Qui fait reculer tous les Rois !

A tous les petits, à toute souffrance,
Aux noirs ateliers comme aux verts buissons,
Poètes aimés, donnez l'espérance :
Pour les travailleurs, faites des chansons.

Chansonniers ! dans des vers de flamme,
Au peuple donnez vos frissons !
Tout ce qui peut élever l'âme
Célébrez-le dans vos chansons !
Soyez les voyants, les prophètes,
Chantez l'aurore du grand jour !
Le peuple écoute ses poètes :
Chantez la Paix, chantez l'Amour !

A tous les petits, à toute souffrance,
Aux noirs ateliers comme aux verts buissons,
Poètes aimés, donnez l'espérance :
Pour les travailleurs, faites des chansons.

ELLE AVAIT NOM SUZETTE!

Je suivais, tout en chantonnant,
Le boulevard Bonne-Nouvelle,
Lorsque je la vis, trottinant,
Et le feu prit dans ma cervelle!
Elle avait un charme infini
Sous sa coiffure si coquette,
Et je pensai que sa conquête
Ferait grand honneur à mon nid.

Elle avait nom Suzette,
Des yeux faisant risette,
Un nez mutin, aux tons rosés...
Sur ses lèvres mi-closes,
L'Amour semait des roses
Et des baisers!

Son cœur était inhabité,
Mais demandait un locataire,
C'est pourquoi, par un jour d'été,
Nous nous aimâmes sans mystère ;
Et je courus tous les sentiers,
Cueillant, au soleil comme à l'ombre,
Des fleurs et des baisers sans nombre,
Sur sa bouche et les églantiers.

   Elle avait nom Suzette,
   Des yeux faisant risette,
Un nez mutin, aux tons rosés...
   Sur ses lèvres mi-closes,
   L'Amour semait des roses
     Et des baisers !

L'automne vint, le vent souffla ;
Suzette, comme l'hirondelle,
Vers d'autres pays s'envola
En me disant, cette infidèle :
« Parfois nos pensers sont ailleurs :
« Depuis trois mois notre amour dure...
« Quittons-nous avant la froidure !
« Les bonheurs courts sont les meilleurs...

   Elle avait nom Suzette,
   Des yeux faisant risette,
Un nez mutin, aux tons rosés...
   Sur ses lèvres mi-closes,
   L'Amour semait des roses
     Et des baisers !

La fillette avait bien raison :
Il faut fuir quand l'amour hésite.
Mais depuis, souvent, de Suzon
Le gai souvenir me visite ;
Un bouquet fané de l'été,
Un ruban bleu de son corsage,
De ce bel oiseau de passage
Voilà tout ce qui m'est resté !

 Elle avait nom Suzette,
 Des yeux faisant risette,
Un nez mutin, aux tons rosés...
 Sur ses lèvres mi-closes,
 L'amour semait des roses
  Et des baisers ! (*)

(*) Musique de Byrec, chez Bassereau, rue St-Martin, 240.

UN ENFANT DE BOHÊME

Il allait par les bois, dormant au clair de lune,
Heureux de ses vingt ans, alerte et l'œil en feu !
C'était un bel enfant, à chevelure brune,
Un enfant de Bohême, errant sous le ciel bleu.

    Aux accords de sa mandoline
    Il s'en allait, le nez au vent,
    Parcourant vallon et colline,
    Joyeux toujours, sans pain souvent.
    Il ne prenait aux belles filles,
    Dont tous les cœurs étaient grisés,
    Pour prix des folles séguédilles
        Que des baisers !

    C'était un enfant de Bohême
    Ayant pour tout bien sa gaîté,
    Et n'adorant qu'un Dieu suprême :
        La liberté !

Au bord d'un sentier, un jour à l'aurore,
On l'avait trouvé, chétif et sans voix,
Sur sa mère morte... et pressant encore
Les deux seins taris, de ses petits doigts.
Il n'avait jamais senti sur ses lèvres
Mettre ces baisers, doux et triomphants,
Baisers maternels, qui calment les fièvres
Et font voir le ciel aux petits enfants !

 C'était un enfant de Bohême,
 Joyeux quoique déshérité,
 Et n'adorant qu'un Dieu suprême :
  La liberté !

Le destin le mena sur un champ de bataille ;
Un peuple se battait pour ses droits méconnus...
Aux cris : « Indépendance ! » à travers la mitraille
Il suivit, en chantant, ses frères inconnus.
« Les opprimés sont fils d'une même patrie !
« Vivre libre ou mourir ! » allait-il s'écriant...
Mais la mort l'attendait ! sous la mousse flétrie,
Il dort... du plomb au cœur et le front souriant.

 C'était un enfant de Bohême,
 Sans nom par l'écho répété,
 Qui mourut pour son Dieu suprême :
  La liberté !

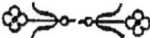

(*) Musique de A. Godefroy chez Chatot, rue des Petits-Champs, 19.

LE DRAGON PERSÉCUTEUR

Jeanneton allait êtr' rosière,
Et, dans un costume coquet,
A la mairie ell' s'en allait,
Quand, au détour d'une clairière,
Vers elle un dragon s'avança !..
    (Qui pouvait s' méfier d' ça ?..)
Il voulut lui prendre la taille,
Mais Jeann'ton s'enfuit aussitôt,
Et l' dragon la suivait au trot,
Avec un grand bruit de ferraille !

    « Sauvez-moi du dragon !
        (Criait la Jeanneton)
  « Qu'est-c' que dira Mossieu le Maire ?
        « Si je n' suis pas rosière,
  « Ça s'ra la faut', parol' d'honneur !
        « Au dragon persécuteur ! »

Soudain quelqu'un, à son oreille,
Lui dit : « Bagasse ! tron de l'er !
« Prenez mon bras... il est de fer !..
« Je suis Barbasson de Marseille ! »
Là-d'ssus, Barbasson l'embrassa...
   (Qui pouvait s' méfier d' ça ?)
— « Monsieur, vous avez l'âme bonne
(Lui dit-ell'), je n' vous connais pas,
« Mais, fuyons ! il est sur mes pas !
« J'entends son sabre qui résonne !

   « Sauvez-moi du dragon !
   (Lui disait Jeanneton
Sur la rout' de la Cannebière).
   « Si je n' suis pas rosière,
« Ça s'ra la faut', parol' d'honneur !
   « Au dragon persécuteur ! »

Mais, le lend'main, une trompette
Juste à ses côtés retentit,
Et Jeanneton s'évanouit
Sur le port de la Joliette !
Un Péruvien la ramassa...
   (Qui pouvait s' méfier d' ça ?)
Lorsqu'elle rouvrit la prunelle,
Huit jours après cet évèn'ment,
En plein' mer, sur un bâtiment,
L' Péruvien soupirait près d'elle.

« Sauvez-moi du dragon !
   (Lui disait Jeanneton)
« J'aim' mieux l' Pérou que sa crinière !
   « Si je n' suis pas rosière,
« Ça s'ra la faut', parol' d'honneur !
   « Au dragon persécuteur ! »

Au Pérou, Jeanneton la belle
Se tranquillisait à bon droit,
Lorsque, dans l' journal de l'endroit,
Ell' lut une horrible nouvelle :
On allait percer Panama !..
   (Qui pouvait s' méfier d' ça ?)
Devant c' danger, la pauv' petite,
Sans même changer de casaquin,
Se fit enl'ver pour le Tonkin
Par un grand seigneur annamite !

« Sauvez-moi du dragon !
   (Lui disait Jeanneton)
« Beau Mandarin, en vous j'espère !
   « Si je n' suis pas rosière,
« Ça s'ra la faut', parol' d'honneur !
   « Au dragon persécuteur ! »

Jeanneton devint mandarine,
Et même, au bout de quelques mois,

Ell' berçait un petit chinois,
Jaune comme un coing de la Chine !
Et puis... dame !.. ell' se réveilla !!
   (Qui pouvait s' méfier d' ça ?)
Car c'était un rêv', pas aut' chose,
Et la preuv', c'est qu' le lendemain,
Mossieu l' Mair', d' son auguste main,
Mit la couronn' sur son front rose...

      « N'empêch' que le dragon
          (Murmurait Jeanneton)
   « M' fit voyager de bell' manière !
        « Si j' suis encor rosière,
   « C' n'est pas la faut', parol' d'honneur !
       « Au dragon persécuteur ! »

LES OISEAUX DE PASSAGE

Avril peut venir, avec ses bruits d'aile,
Les sentiers fleurir au milieu des bois,
Les beaux jours sont loin tant que l'hirondelle
N'est pas revenue au nid sous les toits.
    Mais les voilà, fendant l'espace,
    Nons amenant l'été vermeil...
    Entendez-vous sous le soleil
    Ce grand frisson d'amour qui passe?..

Voyageurs gracieux, hôtes de nos cités,
Lorsque vous partirez pour un nouveau rivage,
Nos yeux, comme nos cœurs, vous suivront, attristés,
    Beaux oiseaux de passage.

Salut ! Dieu puissant qui fais que tout aime !
Tu sèmes l'ivresse aux cœurs embrasés !
Et tu nous fais lire au livre suprême,
Dont tous les feuillets sont faits de baisers !
    Ah ! qu'il fait bon, l'âme ravie,
    D'aller à deux par les chemins,
    Sans nul souci des lendemains...
    Sans compter, dépensant la vie !

Rêves d'or et d'azur ! Amours du gai printemps !
Doux serments éternels, légers comme un nuage,
Votre cher souvenir parfume nos vieux ans,
    Beaux oiseaux de passage.

Printemps et jeunesse ont fui, joyeux groupe !
Mais d'autres amours s'éveillent en nous ;
Car des blonds enfants la rieuse troupe,
Avec mille cris, grimpe à nos genoux.
    Courez ! enfants... chantez en ronde
    Vos plaisirs toujours renaissants...
    Sautez ! chers désobéissants
    Qu'on aime plus que tout au monde.

Vous grandirez, hélas ! ô mes enfants chéris !
Vos yeux cherchent déjà quelque lointain rivage...
Mais dans nos cœurs toujours vous resterez petits,
    Beaux oiseaux de passage ! (*)

(*) Musique de F. WACHS, chez EGROT, Boulevard de Strasbourg, 25.

UN PANACHE COMPLET

Me voilà rond comme une boule,
Grâce aux caresses du picton ;
Autour de moi tout tourne et roule...
Je suis gai... tontaine, tonton !
J'ai bu, c'est à ne pas le croire,
Dix flacons de vin blanc ou bleu !
Mais ce vin-là contient du feu,
Car plus je bois, plus je veux boire !

Versez-moi du vin !
Qu'il soit de Suresne ou de Chambertin,
C'est noce complète !
Je veux sur ma tête
Changer mon plumet,
Mon plumet d'ordinaire, en panache complet !

Quand j'ai bu, j'aime les conquêtes !
Tout en dessinant mon feston,
Je suis les bottines coquettes :
Ça me fait... tontaine, tonton !
Auprès des minois peu sévères
Le vin me rend très éloquent,
Mon cœur brûle comme un volcan,
Dès que j'ai vidé quelques verres !

   Versez-moi du vin !
Qu'il soit de Suresne ou de Chambertin ;
   C'est noce complète !
   Je veux sur ma tête
   Changer mon plumet,
Mon plumet d'ordinaire, en panache complet !

Si votre épouse gronde ou pleure,
Ce n'est pas comme Jeanneton,
Quand je rentre dans ma demeure,
Tout à fait... tontaine, tonton !
Elle sort, en femme très sage,
Un vieux flacon de mon caveau,
Et boit, pour se mettre au niveau,
A faire éclater son corsage.

   Versez-moi du vin !
Qu'il soit de Suresne ou de Chambertin ;
   C'est noce complète !
   Je veux sur ma tête
   Changer mon plumet,
Mon plumet d'ordinaire, en panache complet !

Entre Jeannette que j'adore
Et ma bouteille, croira-t-on
Qu'il ne m'est pas possible encore
De choisir... tontaine, tonton ?
Le matin, — suivez bien l'affaire —
Le vin me semble plus tentant,
Mais, quand j'ai bu tout mon content,
C'est ma femme que je préfère !

Versez-moi du vin !
Qu'il soit de Suresne ou de Chambertin ;
C'est noce complète !
Je veux sur ma tête
Changer mon plumet,
Mon plumet d'ordinaire, en panache complet ! (*)

(*) Musique de A. Petit, à la Société anonyme d'édition, rue d'Enghien, 7.

A Petit-Pierre

GAVROCHE

Chacun le connaît, ce gamin :
Il a bon cœur, mauvaise tête ;
Il va, flânant par le chemin,
D'un mot railleur toujours en quête.
Il a borné ses horizons
A l'enceinte de sa grand' ville
Et connaît toutes les maisons,
De Montparnasse à Belleville.

Chantant, poussant de joyeux cris,
Nez au vent et main dans la poche,
D'air et d'indépendance épris,
Voilà le gamin de Paris,
    Voilà Gavroche !

Comme l'oiseau dans la forêt
Va sautillant de branche en branche,
Dans la rue on voit ce furet
Montrer partout sa face blanche.
Sans toit souvent, sans feu, sans pain,
Gavroche rit de sa misère...
Il trompe le froid et la faim
Par sa gaîté que rien n'altère.

Chantant, poussant de joyeux cris,
Nez au vent et main dans la poche,
D'air et d'indépendance épris,
Voilà le gamin de Paris,
    Voilà Gavroche !

Il surgit de chaque pavé
Quand la voix populaire gronde...
Il est l'éternel *soulevé*,
C'est lui qui commença la Fronde.
Hardi, toujours au premier rang,
Et ne bataillant qu'à sa guise,
N'a-t-il pas payé de son sang
Chaque liberté reconquise ?

Chantant, poussant de joyeux cris,
Nez au vent et main dans la poche,
D'air et d'indépendance épris,
Voilà le gamin de Paris,
    Voilà Gavroche !

Gavroche est brave ! et c'est un cœur
Bien français qui bat sous sa blouse ;
Il a sifflé son air moqueur
A l'Europe en Quatre-vingt-douze.
Héros obscur et glorieux
Des grands jours de la République,
Aux volontaires de l'An Deux
Il battait la charge héroïque !

Chantant, poussant de joyeux cris,
Nez au vent et main dans la poche,
D'air et d'indépendance épris,
Voilà le gamin de Paris,
    Voilà Gavroche !

Homme, il regrettera toujours
— Où qu'il soit alors par le monde —
Le pavé boueux des faubourgs
Et son enfance vagabonde.
Et ce railleur sera surpris,
— Lui, l'esprit fort exempt d'alarmes —
Au souvenir de son Paris,
De sentir ses yeux pleins de larmes !

Chantant, poussant de joyeux cris,
Nez au vent et main dans la poche,
D'air et d'indépendance épris,
Voilà le gamin de Paris,
    Voilà Gavroche ! (*)

(*) Musique de Desormes, chez Le Bailly, rue Cardinale, 6.

MALGRÉ VOUS, NINON !

Vous m'avez dit, mon inhumaine,
Que jamais vous ne m'aimeriez,
Et, depuis plus d'une semaine,
De ce bel amour vous riez !
Quoi ! Ninon, vous êtes jolie,
A faire damner tous les saints,
Et vous me croyez la folie
De renoncer à mes desseins ?

Malgré vous, Ninette,
Malgré vous, Ninon,
Vous ne pourrez pas toujours dire : Non !
J'ai mis dans ma tête
Projets de conquête,
Malgré vous, Ninette !
Malgré vous, Ninon !

L'autre jour, je rêvais sur l'herbe,
Lorsque vous vous fîtes un jeu
D'abaisser votre œil noir superbe
Sur mon pauvre cœur qui prit feu.
Ce serait une perfidie
De le laisser tout embrasé...
Ninon, il faut qu'on remédie
Au ravage qu'on a causé !

    Malgré vous, Ninette,
    Malgré vous, Ninon,
Vous ne pourrez pas toujours dire : Non !
    J'ai mis dans ma tête
    Projets de conquête,
    Malgré vous, Ninette !
    Malgré vous, Ninon !

Vous m'avez laissé, de ma lèvre,
Effleurer votre beau col blanc,
Et, depuis, j'ai gardé la fièvre
Dont vous me voyez tout tremblant.
On a beau se montrer rebelle...
On a beau rire de l'amour...
Quand on possède un cœur, ma belle,
Il faut le laisser prendre un jour.

    Malgré vous, Ninette,
    Malgré vous, Ninon,
Vous ne pourrez pas toujours dire : Non !

J'ai mis dans ma tête
Projets de conquête,
Malgré vous, Ninette !
Malgré vous, Ninon !

Dès ce jour, j'entame le siège
De ce cœur, qui résistera ;
Cupidon connaît plus d'un piège :
La place capitulera.
Tot ou tard, il faudra la rendre,
Les refus étant épuisés...
Et, plus vous m'aurez fait attendre,
Plus vous me devrez de baisers !

Malgré vous, Ninette,
Malgré vous, Ninon,
Vous ne pourrez pas toujours dire : Non !
J'ai mis dans ma tête
Projets de conquête,
Malgré vous, Ninette !
Malgré vous, Ninon ! (*)

(*) Musique de F. WACHS, chez LE BAILLY, rue Cardinale, 6.

A L'ÉTAPE

Le bataillon, dans le village,
A débouché, tambour battant ;
On doit loger chez l'habitant,
Et l'habitant fait bon visage.
L'appel est fait ; chaque gamin
Porte le fusil en chemin
Et montre au troupier sa demeure ;
Près du poudreux état-major
Qui, sur la place, reste encor,
Une vieille supplie et pleure :

« Pour le pays mon pauvr' cœur bat
« Tout comm' ceux des rich's du village...
« Pourquoi qu'j' n'en ons pas dans l' partage ?
« Mon colonel, il me faut un soldat !

« Mon bon colonel, j' vous assure
« Que je l' soign'rai ben, mon soldat...
« Dam ! j' n' somm's guèr' rich', par état,
« Mais il n' couch'ra point sur la dure !
« Comment qu' vous dit's ? j'arriv' trop tard ?
« Voyons... j'ai des choux... et du lard...
« Du beau pain bis et d' la piquette...
« Ah ! j' vous jur' qu'il aura ben chaud !
« J'ons couru... j' voulais v'nir plus tôt,
« Mais les jambes n' val'nt plus la tête..

« Pour le pays mon pauvr' cœur bat
« Tout comm' ceux des rich's du village...
« Pourquoi qu' j'n'en ons pas dans l' partage ?
« Mon Colonel, il me faut mon soldat !

« J' radot', n'est-c' pas ? j' n'en somm's point cause...
« C'est comm' ça, d'puis les jours maudits !
« Mais si, moi, j' dois tout au pays...
« P't-êtr' ben aussi qu'il m'doit quéqu' chose !
« Je n' lui r'proch' point, j' l'aim' trop pour ça...
« Pourtant... quand l'enn'mi s'avança,
« J'ai donné mon fieu pour la guerre !
« Ils l'ont tué !.. mais aujourd'hui
« Mon soldat me l' rappell'rait, lui...
« Pour un jour, je r'deviendrais mère ! »

« Pour le pays mon pauvr' cœur bat
« Tout comm' ceux des rich's du village...
« Pourquoi qu' j'n'en ons pas dans l' partage ?
« Mon colonel, il me faut mon soldat !

« J'aurais pourtant été ben fière ! »
Sanglotait-elle, en s'en allant ;
Mais le colonel l'appelant :
« Dis-moi... quel est ton nom, la mère ? »
—« Mon nom ?.. vous m'demandez mon nom ?..
« Mon Colonel, par tout l'canton
« On m'appell', tout court, la mèr' Blaise... »
— « Morbleu ! nous ne l'oublierons pas !
« Pourquoi le prononcer si bas
« Quand c'est celui d'une française !

« En route ! et calme ton émoi,
« Mieux que les riches du village
« Réjouis-toi de ce partage,
« Car ton soldat... bonne vieille... c'est moi ! » (*)

(*) Musique d'Alf. d'HACK, chez FEUCHOT, boulevard de Strasbourg, 2.

CHANSON D'HIVER

Décembre est venu ; vers nous s'achemine
Bonhomme Noël, chargé de glaçons ;
Au toit du palais et de la chaumine
L'hiver va siffler ses rudes chansons.
    C'est l'heure des longues veillées,
    L'heure où les gas malicieux
    Disent, tout bas, des contes bleus
    Aux fillettes émerveillées.

La neige a recouvert les prés et les sillons ;
Pendant que les amants, dans la chambre bien close,
Mêlent leur chant joyeux à celui des grillons,
L'Amour, au coin du feu, détend son aile rose.

    Qu'il fait bon causer, alors que la bise
    Gronde dans la rue ou par le chemin ;
    Auprès du foyer, que l'amour attise,
    Qu'il fait bon causer, la main dans la main !
        Oh ! les heures délicieuses !
        Les doux aveux, les beaux serments,
        Qu'il faut, par des baisers charmants,
        Sceller sur des lèvres frileuses !

La neige a recouvert les prés et les sillons ;
Pendant que les amants, dans la chambre bien close,
Mêlent leur chant joyeux à celui des grillons,
L'Amour, au coin du feu, détend son aile rose.

Heureux les amants ! ils aiment Décembre
Comme Avril en fleur ou Mai radieux ;
Pour eux l'Univers est tout dans la chambre
Et leur horizon se borne à deux yeux.
 Qu'importent la saison dorée,
 Le gai printemps, l'été vermeil !
 N'ont-ils pas toujours du soleil
 Au fond de leur âme enivrée ?

La neige a recouvert les prés et les sillons ;
Pendant que les amants, dans la chambre bien close,
Mêlent leur chant joyeux à celui des grillons,
L'Amour, au coin du feu, détend son aile rose. (*)

(*) Musique d'Alf. d'Hack, chez Bassereau, rue St-Martin, 240.

LE FEU AU BATAILLON

Le Commandant sonne et s'emporte
Depuis une heure, vainement ;
Enfin, apparaît à sa porte
Le sapeur, ému fortement.
« Cré mille noms ! comment, personne ?
« Ah ! çà, que se passe-t-il donc ?
« Voilà trente fois que je sonne ! »
Le sapeur alors lui répond :

« Mon Commandant, faites excuse,
« Mais je crois, si je ne m'abuse,
« Que c'est le nommé Cupidon
« Qui met le feu-z-au bataillon !

« Le sergent-fourrier de semaine,
« Au lieu de lire son rapport,
« Mon Commandant, il se promène,
« A l'heur' qu'il est, devant le fort !
« Même, circonstance aggravante,
« (Je dois dire la vérité)
« La bonne de la Commandante
« S'épanouit-z-à son côté. »

PARLÉ : « *Qu'est-ce que tu me chantes là ?* »

— « Mon Commandant, faites excuse,
« Mais je crois, si je ne m'abuse,
« Que c'est le nommé Cupidon
« Qui met le feu-z-au bataillon !

« Les Lieutenants content fleurette
« Aux demoisell's de magasin :
« Les adjudants, perdant la tête,
« Roucoul'nt au village voisin !
« A l'infirm'ri', chaque malade
« A jeté son bonnet d' coton
« Et fait de l'œil, sur l'esplanade,
« A tout le sexe en cotillon ! »

Parlé : « *Mais, sapeur, qu'est-ce que ça veut dire ?* »

— « Mon Commandant, faites excuse,
« Mais je crois, si je ne m'abuse,
« Que c'est le nommé Cupidon
« Qui met le feu-z-au bataillon !

« Y a plus personne à la caserne !
« Tous les soldats ont déserté
« Pour promener, dans la luzerne,
« Les bonn's de la localité ;
« Même, comble de tous les vices !
« On vient d' trouver vingt-trois marmots
« Abandonnés par leurs nourrices
« Au milieu des coquelicots ! »

Parlé : « *Mais, sapeur, c'est impossible !* »

— « Mon Commandant, faites excuse,
« Mais je crois, si je ne m'abuse,
« Que c'est le nommé Cupidon
« Qui met le feu-z-au bataillon !

« Vrai, je ne sais pas ce qui trotte
« Aujourd'hui dedans les cerveaux !
« C' matin, la cantinièr' Javotte
« A laissé brûler ses fricots !
« C'est la faute aux deux capitaines
« Qui n' la quittaient pas d'un moment,
« Lui contant des calembredaines
« A fair' rougir mon fourniment ! »

Parlé : « *Mais, sapeur, tout le monde est donc...* »

— « Mon Commandant, faites excuse,
« Mais je crois, si je ne m'abuse,
« Que c'est le nommé Cupidon
« Qui met le feu-z-au bataillon !

« Moi-z-aussi, je voulais vous dire
« Que j' demande pour aujourd'hui,
« Comme le printemps il m'inspire,
« La permission de minuit !..
« Ne refusez pas ma supplique,
« L'instant il est propice est doux,
« Vu que ma payse Angélique
« Elle obtempère au rendez-vous ! »

Parlé : « *Ah ! çà, vous êtes donc tous fous ?..* »

— « Mon Commandant, faites excuse,
« Mais je crois, si je ne m'abuse,
« Que c'est le nommé Cupidon
« Qui met le feu-z-au bataillon ! »

Le sapeur sort ; la Commandante
Entre et s'étonne sur le champ
De voir l'humeur si prévenante
De son mari, le Commandant.
« Bobonne, ne sois pas surprise,
« C'est à l'ordre de la maison...
« L'air a quelque chose qui grise :
« Mon sapeur avait bien raison !.. »

Parlé : « *Mais, Commandant, qu'arrive-t-il donc ?* »

— « Commandante, faites excuse,
« Mais je crois, si je ne m'abuse,
« Que c'est le nommé Cupidon
« Qui met le feu-z-au bataillon ! (*)

(*) Musique de L. Collin, chez Tralin, rue du Croissant, 5.

UN MOIS D'AMOUR

Avril chantait sa ritournelle...
Mais, malgré ses bois et ses prés
      Diaprés,
Ce n'est pas le printemps, ma belle,
Qui me rendit un jour vainqueur
      De ton cœur ;
C'est un souper fin au champagne
Qui fut la cause du serment
Que tu fis — battant la campagne —
De m'aimer éternellement !

Un mois d'amour, Madelinette,
D'amour et de fidélité,
Sais-tu que c'est l'éternité !
N'en abusons pas, ma brunette,
Reprenons notre liberté !

Pendant quinze jours, tout fut rose...
Ah! nous aurions mis l'Univers
A l'envers !
Vos bois en savent quelque chose,
Meudon, Saint-Cloud, Ville-d'Avray,
Viroflay.
Pour cette existence falote
On employait, à l'unisson,
Le fou rire et la matelote,
Et la friture et la chanson.

Un mois d'amour, Madelinette,
D'amour et de fidélité,
Sais-tu que c'est l'éternité !
N'en abusons pas, ma brunette,
Reprenons notre liberté !

Mais tout prend fin dans ce bas monde,
Surtout les serments éternels,
Solennels !
Tu boudes parfois... moi, je gronde...
Et déjà chez nous les amis
Sont admis.
Tu me laisses parler à Lise,
Moi, je ne suis plus très jaloux,
Même hier, pendant une crise,
Nous nous sommes fort bien dit: Vous !

Un mois d'amour, Madelinette,
D'amour et de fidélité,
Sais-tu que c'est l'éternité !
N'en abusons pas, ma brunette,
Reprenons notre liberté !

Ne partons pas, le front maussade,
Un mois d'amour, c'est assez long,
   Madelon !
Encore une bonne embrassade,
Et volons à d'autres amours
   Aussi courts.
Nous rirons, aux saisons prochaines,
En voyant nos deux noms tracés
A l'infini, sous tous les chênes
Où nous nous sommes embrassés !

Un mois d'amour, Madelinette,
D'amour et de fidélité,
Sais-tu que c'est l'éternité !
N'en abusons pas, ma brunette,
Reprenons notre liberté !

LES CHANSONS DE GRAND'MÈRE

Mes chers enfants, vous voulez que Grand'Mère
Vous dise encore un de ces vieux refrains
Qui, de vos fronts, emportent les chagrins
Sur l'aile d'or de la douce chimère ;
J'en ai chanté de toutes les façons :
Tristes, joyeux, graves, légers, sévères,
Nés de nos pleurs ou bien du choc des verres...
Je vais vous dire où j'appris mes chansons.

Lorsqu'à vingt ans, dans un moment d'ivresse,
L'homme vaillant qui devint mon époux
Me dit : « Je t'aime ! » en tombant à genoux,
Les yeux brillants d'amour et de tendresse ;
Lorsque mon cœur, battant à l'unisson,
S'emplit soudain d'une ineffable fièvre
Et que ma lèvre eut effleuré sa lèvre,
Ah ! j'ai chanté la Suave Chanson !

Le temps marcha ; toute la maisonnée
Était heureuse, et, dame ! si les bras
Travaillaient dru, l'amour ne chômait pas
Et nous donnait un marmot chaque année.
Et c'est alors, — quand, après la moisson,
On entonnait en chœur des airs de fête,
Assis à table, et l'âme satisfaite, —
Que j'ai chanté la Joyeuse Chanson !

Mais les beaux jours font place aux jours d'alarmes,
Le tambour bat !.. Debout !.. c'est l'étranger...
Comme autrefois, la Patrie en danger
Veut des soldats, de la poudre et des armes !
Du noir Destin subissant la leçon,
Le cœur meurtri, mais sans désespérance,
J'ai dit aux miens : « Partez, c'est pour la France ! »
Et j'ai chanté l'Héroïque Chanson !

Et, maintenant, que l'Avenir prospère
Vous donne à tous des matins triomphants,
Je vais bientôt, mes chers petits-enfants,
Aller là-haut, rejoindre le grand-père.
Et je veux dire, à mon dernier frisson,
De l'Infini saluant la puissance,
Un chant d'espoir et de reconnaissance...
Et ce sera ma Dernière Chanson !

FILOURETTE! FILOUROU!

Ros' par le bois trottinait,
   Filourette, filourette,
Ros' par le bois trottinait,
A ch'val sur son bourriquet.
Ell' rencontra, c'te jeunesse,
Jean monté sur une ânesse...
Tous les quatr' s'connaissaient bien :
On commença l'entretien.

Au printemps, faut ben qu'on cause,
Ça fait qu' Jean causait à Rose,
Et l'ânesse à l'âne itou...
   Filourette ! Filourou !

« Rose !.. j' voulions, un p'tit brin,
   « Filourette, filourette,
« Rose !.. j' voulions un p'tit brin
« Te dir' que j'ons du chagrin !
« Tu m'as fait tourner la tête...
« Et d' toi j' rêvions, comme un' bête ! »
Là-d'ssus, Ros', tout aussitôt,
D'vint roug' comme un coqu'licot !

Pourquoi rougir ? Je suppose
Qu' l'œil de Jean avait quéqu' chose
Qui d'vait la gêner beaucoup !..
    Filourette ! Filourou !

Rose lui fit : « Je n' peux pas,
  « Filourette, filourette, »
Rose lui fit : « Je n' peux pas
« Vous répondr' sans embarras ! »
Et, pendant c' temps-là, l'ânesse
Clignait de l'œil avec tendresse
Du côté du bourriquet
Qui, timid'ment, la r'luquait.

Au printemps, c'est drôl' tout d' même :
Y a pas à dir', faut qu'on s'aime !..
Où donc est l' mal, après tout ?
    Filourette ! Filourou !

— « Ros', tu n' peux point me r'fuser...
  « Filourette, filourette,
« Ros', tu n' peux point me r'fuser
« De m' laisser prendre un baiser ? »
— « Un baiser ? c'est pas grand chose !..
« Prends, tu me l' rendras » dit Rose.
Plus réservé qu'ell', l'ânon
A l'ânesse disait : Non !

Jean en profita bien vite...
Il prit vingt baisers de suite,
Dont deux ou trois sur le cou,
 Filourette ! Filourou !

Mais v'là qu' Jean s'enhardissait,
 Filourette, filourette,
Mais v'là qu' Jean s'enhardissait
Et l' bourriquet faiblissait...
Heureus'ment que, près d'un hêtre,
Parut le garde champêtre
Qui s'écria : « Sapristi !
« On se bécote-z-ici ! »

C'est tout d' même un' chos' cocasse
Qu' l'Autorité, quoi qu'on fasse,
Vienn' fourrer son nez partout !
 Filourette ! Filourou !

« Mossieu l' garde, j' n'ons point fait...
 « Filourette, filourette,
« Mossieu l' garde, j' n'ons point fait
« De mal, » dit Jean qui tremblait.
— « Sufficit ! ça me regarde...
« J'ai vu l' bécot (reprit l' garde).
Tous les quatre suivez-moi
« Chez Mossieu l' Mair' qui f'ra Loi ! »

Gard' champêtr', va, t'as beau faire,
Quand l'amour s'en va-t-en guerre,
Il n' s'arrêt' jamais qu'au bout,
 Filourette ! Filourou !

Mossieu l' Mair' fut arrangeant,
 Filourette, filourette,
Mossieu l' Mair' fut arrangeant
Et la Rose épousa Jean.
Le lend'main, dans la prairie,
Sans passer par la Mairie,
Les deux ân's, de leur côté,
Se jurèr'nt fidélité.

Et, dès ce jour, je suppose
Que Jean put causer à Rose,
Et l'ânesse à l'âne itou,
 Filourette ! Filourou ! (*)

(*) Musique de G. Michiels, chez Tralin, rue du Croissant 5.

FANTOMES ROSES

En rêvant, portes closes,
Je vous revois toujours,
Charmants fantômes roses
De mes folles amours !

Mon premier amour en ce monde
Fut une vaporeuse blonde
Qui ne parlait que d'idéal...
Hélas ! cet ange de la terre
Devint l'épouse d'un notaire...
Combien de femmes tournent mal !

Après, ce fut une grisette,
Qui se contenta de galette,
Pendant un mois, dans mon grenier...
Un soir, regagnant la mansarde,
Elle entra (je crois par mégarde),
A l'entresol, chez le boursier !

Une artiste troubla mon âme !
« Je serai ta petite femme,
(Dit-elle) on n'aime qu'une fois. »
Mais elle aimait aussi, Thérèse,
L'écrevisse à la bordelaise,
C'est ce qui l'a conduite... au bois !

Puis une superbe comtesse,
A l'œil noir, rempli de tendresse,
Daigna m'accorder son amour ;
Mais le diable se fit ermite...
Elle s'est mise à l'eau bénite :
Le bon Dieu veut avoir son tour.

La femme du propriétaire
Souvent montait avec mystère,
Au sixième, où j'étais logé...
Mais le mari surprit Hortense,
Un jour, présentant sa quittance,
Et ça me valut un congé.

Vous m'avez trompé, mais qu'importe !
Lorsque vous franchissiez ma porte,
Minois fripon, lutin moqueur,
A la place un seul instant prise,
Vous laissiez un parfum qui grise
Et dont s'enivre encor mon cœur !

En rêvant, portes closes,
Je vous revois toujours,
Charmants fantômes roses
De mes folles amours ! (*)

(*) Musique d'Alf. d'Hack, chez Egrot, boulevard de Strasbourg, 25.

APPARTEMENT GARNI

Je voulais céder sans retard
Mon logement du boulevard
Que je trouvais cher à l'extrême,
Et sur ma fenêtre, aussitôt,
J'avais mis un grand écriteau
Qui fit son effet le jour même.
Un monsieur, très bien, vient sonner ;
J'ouvre... et, sur le seuil de ma porte,
Sans qu'un mot de sa bouche sorte,
Il se met à m'examiner.

« Monsieur, (lui dis-je, embarrassée)
« Mon bail n'est pas encor fini,
« Mais je cède, — je suis pressée, —
« Mon appartement tout garni. »

— « Puis-je demander la raison
« Qui vous fait quitter la maison ? »
Me fit-il, avec hardiesse.
— « Certainement ! voici pourquoi :
« Monsieur, je suis veuve et pour moi,
« Dame ! c'est trop grand d'une pièce. »
Il reprit : « Je dois être franc,
« Ce logis a tout pour me plaire,
« Mais je suis un célibataire,
« Comme pour vous, il est trop grand. »

Il disait ça dans un sourire,
Mais avec un charme infini...
Et je ne savais plus que dire
Pour mon appartement garni.

« Bah ! (continua-t-il gaîment)
» Tout s'arrange facilement
« Si vous n'êtes pas intraitable :
« A deux, c'est un petit loyer...
« Je vois deux places au foyer
« Et deux fauteuils près de la table ;
« Les verres sont appareillés...
« (Vivre tout seul ça rend morose)
« Et je vois que l'alcôve rose
« Est faite pour deux oreillers ! »

Moi, je l'écoutais sans colère,
Mais pleine d'un trouble infini,
Et je pensais : « La chose est claire,
« C'est pour deux que tout est garni. »

Dans sa main il tenait ma main,
Et mon cœur perdait du chemin...
Dame ! on n'est pas très inhumaine...
Et, me sentant près de fléchir,
Je lui dis : « Je veux réfléchir,
« Revenez dans une semaine. »
Il revint me parler d'amour,
D'avenir bleu, de folle ivresse...
Son œil était plein de tendresse
Et je dus lui dire, un beau jour :

« Puisque le hasard nous rassemble,
« Tout différend est aplani...
« Voici ma main!... gardons ensemble
« Ce cher appartement garni. »

Déjà quatre ans se sont passés,
Et, grâce à des soins empressés,
Mon mari sait toujours me plaire ;

Et je bénis le jour heureux
Où, l'écriteau frappant ses yeux,
Il devint mon co-locataire.
Tous les ans un bébé charmant
Nous arrive, garçon ou fille...
Si je dis : » Assez de famille ! »
Monsieur me répond carrément :

« Comment, assez ? non, pas encore...
« Il est grand notre joli nid,
« Et tu dois savoir que j'adore
« Un appartement bien garni. » (*)

(*) Musique de Byrec, chez Benoit, faubourg Saint-Martin, 13.

AUBADE A MON ÉPOUSE

Cinq heures du matin ! et je n'ai pas mes clés !
J'ai cogné doucement... puis, à coups redoublés...
(Montrant le balcon)
Mon épouse est là-haut qui fait la sourde oreille ;
Elle feint de dormir, mais sa rancune veille.
Oh ! la la ! mes amis, je suis dans de beaux draps !
Quoique je puisse dire, elle n'y croira pas...
Et tous mes beaux serments seront taxés de colles !
Tâchons de l'attendrir par de douces paroles :

(S'adressant au balcon)
Si j'ai soupé tard, sans façons,
Jeanne, je n'ai pas cru mal faire...
Nous étions quatre bons garçons,
Des garçons... vois, la belle affaire !
(Au public)
Je crois que j'en ai dit assez
Et qu'il faut taire, entre autres choses,
Que, parmi nous, s'étaient glissés
Deux jolis petits museaux roses.

(Au balcon)

J'ai tort ! je ne le ferai plus...
Je suis transi, mouillé, perclus.
    Ouvre-moi vite !
Je te raconterai la suite,
    Jeanne, crois-moi,
Dans le dodo... tout près de toi !

(Au balcon)

Crois-tu donc qu'on s'amuse tant
A souper, loin de sa Jeannette ?
C'est triste, va... Tiens ! un instant,
On a parlé de toi, bichette...
    (Au public)
Je crois bien, c'était Paméla
Qui disait, croquant une pêche :
« Ta femme ? ta vraie ? oh ! la la !
« Ce qu'elle a l'air d'une pimbêche ! »

(Au balcon)

J'ai tort ! je ne le ferai plus...
Je suis transi, mouillé, perclus,
    Ouvre-moi vite !
Je te raconterai la suite,
    Jeanne, crois-moi,
Dans le dodo... tout près de toi !

Mais rien ne bouge... oh! quel soupçon!..
Non! ma confiance est sans bornes.
Pourtant, ça me donne un frisson...
Et la lune me fait ses cornes !
Pauvre bijou ! je l'aime fort
Et ça me rend l'humeur jalouse :
C'est étonnant comme un remord
Vous fait adorer votre épouse !

(Au balcon)

J'ai tort ! je ne le ferai plus...
Je suis transi, mouillé, perclus.
  Ouvre-moi vite !
Je te raconterai la suite,
  Jeanne, crois-moi,
Dans le dodo... tout près de toi !

(Au balcon)

Ouvre !.. tu sais, quand je suis gris,
Que la bonne humeur m'accompagne ;
Et je suis d'autant plus épris
Que j'ai plus sablé de champagne !
(Au public)
Elle m'entend... ô doux émoi !
J'ai touché sa corde sensible...
Dieu des maris ! inspire-moi
Pour... rendre mon pardon possible.

Je crois que je ne serai plus
Jamais transi, mouillé, perclus,
    Car dans ma poche,
Pour éviter cette anicroche,
    J'aurai toujours
Ma clé, sauf-conduit des amours !

HYMNE A L'AMOUR !

Salut ! Amour, dieu tout puissant
Qui planes, vainqueur sur la terre,
Toi dont l'ineffable mystère
Emplit l'univers frémissant !
C'est toi qui mets des nids parmi la moisson blonde
Et qui fais frissonner la forêt en émoi...
Tous les êtres, ravis d'obéir à ta loi,
Bénissent ton pouvoir qui procrée et féconde !
    Salut, maître du monde !
    Amour, salut à toi !

Salut ! Amour, dieu du printemps,
Qui donnes les suaves fièvres
Et fais voltiger sur les lèvres
Les baisers fous et palpitants !
C'est toi qui nous écris le sublime poème
Qu'on apprend deux à deux, pleins d'une ardente foi...
C'est par toi que tout vit !.. et que l'esclave est roi,
Quand ton aile d'azur a touché son front blême !
    Salut, bonheur suprême !
    Amour ! salut à toi !

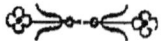

(*) Musique de Wenzel, chez Benoit, éditeur, faubourg St-Martin, 13.

DU HAUT DES TOITS

Je pourrais bien, comme les astronomes,
De mon septième étudier les cieux,
Mais c'est beaucoup plus bas, c'est vers les hommes
Que, moins hardi, j'aime à braquer les yeux.
Tous ces pantins me font large matière,
Sans le savoir ils sont à ma merci ;
Je vois jouer, les bras sur la gouttière,
La comédie humaine en raccourci...

Je peux chanter, n'osant le dire,
    Ce que je vois ;
Les moineaux seuls m'entendent rire,
    Du haut des toits.

Chez la cocotte, à l'entresol de face,
Un vieux monsieur, correct, en habit noir,
Vient chaque jour quêter une grimace
Qu'on sait lui vendre au tarif du boudoir.
Un vasistas indiscret me le livre
(Sur ce barbon j'allais m'apitoyer) :
C'était l'auteur d'un saint et chaste livre
Sur la famille et la paix du foyer !..

  Je peux chanter, n'osant le dire,
    Ce que je vois ;
  Les moineaux seuls m'entendent rire,
    Du haut des toits.

Au second vit un député farouche,
Froid rigoriste, à l'aspect solennel,
Qui, vertueux, bondit lorsque l'on touche
Aux droits sacrés du trône et de l'autel.
Vices du jour, ah ! comme il vous flagelle !
Pourtant je vois, quand minuit va sonner,
Les soupers fins qu'il fait avec Angèle...
Vices du jour, il sait vous pardonner !

  Je peux chanter, n'osant le dire,
    Ce que je vois ;
  Les moineaux seuls m'entendent rire,
    Du haut des toits.

Une marquise occupe l'autre étage ;
Les yeux baissés, toute en dévotion,
La noble dame, on le dit, se partage
Entre le jeûne et la confession.
C'est donc pour ça que la Sainte réclame
Son directeur, quand vient le couvre-feu !..
J'ai vu comment il absolvait la dame !
Pauvre marquis ! tu dois gagner au jeu...

Je peux chanter, n'osant le dire,
    Ce que je vois ;
Les moineaux seuls m'entendent rire,
    Du haut des toits.

Un philanthrope habite au quatrième...
Des animaux cet ardent protecteur
Aimerait mieux qu'on le frappât lui-même,
Que voir traiter un chien avec rigueur.
La charité déborde en sa belle âme...
Chiens, chats, lapins... il adopte au hasard...
Chaque matin, pourtant, il bat sa femme !
C'est, paraît-il, catégorie à part...

Je peux chanter, n'osant le dire,
    Ce que je vois ;
Les moineaux seuls m'entendent rire,
    Du haut des toits.

Que je descende en bas vers la portière,
Où les valets supputent leurs profits,
Ou que je monte à la fausse ouvrière
Qui, pour le soir, prépare ses outils :
La comédie, à toutes altitudes,
Est bien la même !.. et, souvent vers les cieux,
Le cœur lassé de tant de turpitudes,
J'ai le besoin de reposer mes yeux.

Je peux chanter, n'osant le dire,
    Ce que je vois ;
Les moineaux seuls m'entendent rire,
    Du haut des toits. (*)

(*) Musique de Ch. Pourny, chez Feuchot, boulevard de Strasbourg, 2.

LIBRE ÉCHANGE ET PROTECTION

Quand sur ce sujet on s'agite,
Qu'on élabore loi sur loi,
Je veux aussi faire au plus vite
Une profession de foi.
Je ne pose pas en apôtre,
Étant, suivant l'occasion,
Partisan de l'un ou de l'autre :
Libre échange ou *Protection* !
Nous sommes pareils, ce me semble,
Ni plus loyaux, ni plus pervers...
Chacun à son voisin ressemble :
Le : Moi ! voilà tout l'univers !
C'est pour soi que l'on prêche, en somme,
Malgré les mots mis en avant...
Libre échange quand on consomme,
Et *Protection* quand on vend !

Quand une coquette bottine,
Que surmonte un mollet bien rond,
Tire mon œil et le lutine,
Toute ma gravité se fond.
Je file, avec persévérance,
Le mutin, qui lentement fuit,
Et s'il répond à mon avance,
Le *Libre échange* me séduit !
J'offre pour prix des sacrifices
Que veut le combat singulier,
Le champagne et les écrevisses,
En cabinet particulier...
Je jure « Amour » à la divine,
Mais romps avec non moins d'ardeur,
Si la dame dit qu'elle incline
Vers le système *Protecteur !*

Un ami, que le jeu tourmente,
A son cercle allait chaque soir,
Et laissait sa femme charmante,
Seule, livrée au désespoir !
Elle avait si peur, la pauvrette,
Pendant toutes les longues nuits...
Mais ma *Protection* discrète
Sut la guérir de ses ennuis.
Sa frayeur passait, non sans peine,
Grâce à mon courage éprouvé,
Mais un jour, hélas ! la déveine
Fit rentrer tôt le décavé.

Il avait des façons brutales
Qui me mirent deux mois au lit,
Car un *Libre échange*... de balles
Des *Protections* me guérit !

Un jour, au Club Humanitaire,
On remuait le monde entier,
Quand, tout à coup, le commissaire
Me fit taire tout le premier !
« Quoi ! défendre — quelle injustice ! —
« Le *Libre échange* de nos plans !
« Il faut supprimer la police,
« Dernier vestige des tyrans ! »
Je sors, tout bouillant de colère,
Quand sur mon dos, subitement,
Tombent trois rôdeurs de barrière,
Qui me pillent fort lestement !
Je crie !.. On vient en temps utile...
Changé par la réflexion,
Devant les bons sergents de ville
J'estime la *Protection !*

Célibataire, on trouve étrange
La prétention des maris ;
Étant garçon, le *Libre échange*
Seul, à mes yeux, avait du prix ;
Maintenant, c'est un sacrilège !

D'où vient ce changement profond ?
C'est que, marié, je *protège*
Ce qui peut menacer mon front !
Ah ! je suis un économiste
Pour le moins fort original,
Car je reste *libre échangiste*,
En dehors du foyer légal ;
Mais chez Tata quand on s'essaye
Au *libre échange* de deux cœurs,
Le plus drôle, c'est que l'on paye
Pour avoir des droits *protecteurs !*
Donc, charmants tous les deux, j'en change
Toujours, suivant l'occasion :
Protection et *Libre échange*,
Libre échange et *Protection !*

A Ernest Chebroux

L'APPEL DES BAISERS

Salut ! réveil de toutes choses...
Salut ! Printemps doux et vermeil,
Qui nous montres les fleurs écloses
Aux baisers brûlants du soleil.
Comme s'ils partaient d'une ruche immense,
Vers le ciel si pur, mille cris joyeux
S'élèvent des champs où gît la semence,
Et des prés couverts de liserons bleus.

Piou ! piou ! piou ! sous les charmilles,
Piou ! piou ! piou ! dans les buissons
Voltigez, gais pinsons...
Accourez, jeunes filles...
Au printemps, les cœurs sont grisés !
Piou ! piou ! c'est l'appel des baisers.

Grands bois, où les nids font tapage,
Buissons des petits chemins creux,
Hâtez-vous ! faites de l'ombrage
Pour y cacher les amoureux.

O lilas ! croissez autour des tonnelles
Où vont s'éveiller les jeunes désirs...
Montez dans l'azur, chansons éternelles,
Dont les doux refrains semblent des soupirs !

Piou ! piou ! piou ! sous les charmilles,
Piou ! piou ! piou ! dans les buissons
  Voltigez, gais pinsons...
  Accourez, jeunes filles...
Au printemps, les cœurs sont grisés !
Piou ! piou ! c'est l'appel des baisers.

Allez, fillettes, sous les saules,
Aux ruisseaux, baigner vos pieds nus
Et mirer vos blanches épaules
Avec des rires ingénus.
Vous ne craignez plus les sylphes champêtres,
Mais vous savez bien que, suivant vos pas,
Les gas sont cachés derrière les hêtres...
Vous le savez, mais... vous ne fuyez pas !

Piou ! piou ! piou ! sous les charmilles,
Piou ! piou ! piou ! dans les buissons
  Voltigez, gais pinsons...
  Accourez, jeunes filles...
Au printemps, les cœurs sont grisés !
Piou ! piou ! c'est l'appel des baisers.

Partout, l'amour vibre, superbe !
Mettant sa noble fièvre au cœur...
Du chêne altier jusqu'au brin d'herbe,
Tout se courbe sous le vainqueur !
C'est le renouveau des folles ivresses ;
Les bois reverdis n'ont plus que vingt ans ;
Gai ! les amoureux, semez des caresses...
Semez sans compter... Vive le Printemps !

Piou ! piou ! piou ! dans les charmilles,
Piou ! piou ! piou ! dans les buissons
  Voltigez, gais pinsons...
  Accourez, jeunes filles...
Au printemps, les cœurs sont grisés !
Piou ! piou ! c'est l'appel des baisers. (*)

*) Musique d'Alf. d'Hack, Société anonyme d'édition, rue d'Enghien, 7.

A E. Hachin.

LE MAITRE SONNEUR

Je suis le maître sonneur
De la vieille cathédrale,
Et ma vertu capitale
C'est d'être un joyeux buveur.
Mais, grâce au vin qui me grise,
J'ai l'esprit subtil et fin
Et j'étudie, en malin,
Les clients de notre église.

    Dig ! ding ! don !
Tous les jours de la semaine,
    Dig ! ding ! don !
Quel monde amusant s'amène...
Et j'en ris à plein bedon,
    Dig ! ding ! don !

On baptise un gros poupon ;
Le père est un vieux macaque...
La mère, au corset qui craque,
A vingt ans et l'œil fripon !
« Sapristi ! qu'il me ressemble ! »
Dit tout haut le vieux serin ;
Et la mère et le parrain
Échangent un rire ensemble.

  Dig ! ding ! don !
L'an prochain viendra la fille...
  Dig ! ding ! don !
Le parrain, un joyeux drille,
Ne quitte pas la maison...
  Dig ! ding ! don !

En politique, ma foi !
Pour tous les partis, je sonne...
Je ne crois guère en personne,
Qu'on soit empereur ou roi.
Quand un monsieur, plein de pose,
Me fait : « Dimanche prochain,
« Voterez-vous pour... Machin,
« Ou voterez-vous pour... Chose ? »

  Dig ! ding ! don !
Je vote pour que la treille,
  Dig ! ding ! don !
Soit abondante et vermeille...
Mais pour vos pantins, mon bon,
  Dig ! ding ! don !

Dig ! ding ! don ! grand tralala !
C'est une noce princière...
L'époux est un *rastaquouére*;
Quant à l'épouse... oh ! la ! la !
C'est Amanda, la cocotte,
Qui, tous les soirs, chez Bullier,
Danse le pas singulier
Du *Homard qu'on asticote !*

    Dig ! ding ! don !
Elle a la sacoche pleine,
    Dig ! ding ! don !
D'écus, gagnés à la peine !
Lui, c'est un noble baron,
    Dig ! ding ! don !

Dans ce coin sombre, là-bas,
Une belle pénitente,
La figure repentante,
Se confesse, le front bas ;
Puis la sainte créature
Rejoint, derrière un pilier,
Un élégant cavalier,
Qui la mène en sa voiture...

    Dig ! ding ! don !
C'est la femme du notaire,
    Dig ! ding ! don !
Qui maintenant, sans mystère,
Se confesse à Cupidon,
    Dig ! ding ! don !

Le soir, je rentre au logis
Où m'attend la ménagère,
Et, tous d'eux l'humeur légère,
L'œil en feu, les nez rougis,
On attaque les bouteilles !
On fait sauter les bouchons !
Et des projets folichons
Rendent nos faces vermeilles !

 Dig ! ding ! don !
Ma Jeanne est encor superbe !
 Dig ! ding ! don !
Ça pousse dru comme l'herbe
La marmaille à la maison !
 Dig ! ding ! don ! (*)

(*) Musique d'Alfred d'Hack, chez A. Bocq, Boulevard Magenta, 81.

ON S'LAISS'TOUJOURS PINCER PAR ÇA!

Chacun pose pour l'insensible ;
Poésie, amour et ciel bleu.
Allons donc !.. Ça, c'est le vieux jeu !
Y croire encore est impossible.
Oui, l'on tient ce langage-là,
Mais quand viennent les printemps roses,
Les oiseaux et les fleurs écloses,
On s' laiss' toujours pincer par ça !

Il suit un régime sévère
Le vieux viveur... quand des amis
L'invitent... Le couvert est mis...
Il verse de l'eau dans son verre.
Il tient bon... mais au Marsala
Le docteur perd, le diable gagne...
Perdreaux truffés, salmis, champagne,
On s' laiss' toujours pincer par ça !

Il vient de jurer à sa femme
Amour éternel à genoux,
Depuis six mois ils sont époux,
Il est sincère au fond de l'âme.
Mais près de lui passe Amanda,
Dont le bas rose le fascine...
Mollet rond, œillade assassine,
On s' laiss' toujours pincer par ça !

Parfois la discorde en ménage
Fait se bouder papa, maman,
Mais arrive un bébé charmant
Qui sait bien dissiper l'orage.
Ça court par-ci... ça rit par-là...
Ça vous embrasse... et puis ça pousse...
L'œil est si bon, la voix si douce,
On s' laiss' toujours pincer par ça !

Le régiment, musique en tête,
Défile sur les boulevards,
Et, tous, hommes, femmes, moutards,
A nos braves soldats font fête.
C'est qu'ils représentent, ceux-là,
L'espoir de la France chérie
Et ces deux mots : Honneur, Patrie.
On s' laiss' toujours pincer par ça !

Une artiste, encore idolâtre,
Comme autrefois, de la chanson,
Devrait rester à la maison,
Toute tranquille, au coin de l'âtre ;
C'est de moi que je parle là, (*)
Mais l'Art est vibrant dans mon âme,
Et vos bravos, Monsieur, Madame,
Je m' laiss' toujours pincer par ça ! (**)

(*) Thérésa, qui chante cette chanson.
(**) Musique de G. Michiels, chez Le Bailly, rue Cardinale, 6.

A mon ami le Docteur Ed. Barré

LES IVRESSES

Dans son berceau coquet, Bébé fait du tapage ;
Quelle grosse colère ! et comment l'apaiser ?
Mais la mère, accourant, dégrafe son corsage,
Non sans avoir puni le lutin... d'un baiser.
Oh ! le petit gourmand ! c'est là qu'il fait merveille !
Les yeux à demi-clos, il boit... il boit encor,
Puis s'assoupit, lassé, le bonnet sur l'oreille,
Dans les bras maternels qui bercent leur trésor.

    C'est la première ivresse !
    Dors, chérubin, dors, bel enfant,
    Ta mère veille, en souriant,
    Et son œil ravi te caresse...
    C'est la première ivresse !

Le printemps met des nids à l'arbre qui bourgeonne ;
Pour la première fois ils sont seuls, tous les deux ;
Elle a seize ans ! parfois tout son être frissonne...
Il a vingt ans ! l'amour resplendit dans ses yeux !
Ils marchent, effeuillant les blanches pâquerettes...
Pour franchir les fossés ils se donnent la main,
Et, se sentant au cœur comme un chant de fauvettes,
Ils se quittent le soir en disant : A demain !

C'est la charmante ivresse !
C'est celle du premier amour !
Moment ineffable, heureux jour !
Où le cœur bondit d'allégresse !...
C'est la charmante ivresse !

La jeune femme attend, émue, impatiente,
Son mari qui s'attarde... enfin ! le voilà donc...
Et, vers lui s'élançant, d'une voix frémissante,
Elle lui dit, cachant la rougeur de son front :
— « Devine, mon ami !.. » — « Pourquoi cet air de
[fête ? »
— « Quoi ! tu ne comprends pas ?.. mais... c'est qu'il
[cherche encor !
« J'en suis sûre, il nous faut penser à la layette...
« C'est convenu, tu sais, nous le nommons Victor ! »

O sainte et douce ivresse !
Que celle qui fait tressaillir,
Les yeux fixés dans l'avenir...
O les rêves que l'on caresse
Dans cette douce ivresse !

Mais l'enfant a grandi, sa mère, noble femme,
Dans le sentier du Droit l'a guidé par la main,
Et, fière patriote, a mis dans sa jeune âme
L'amour ardent et pur du sol républicain.
Un jour, le canon gronde ! On vole à la frontière !
Le tocsin dit partout la Patrie en danger !

Et la française, alors, sait effacer la mère :
Elle donne son fils pour chasser l'étranger !

  C'est la sublime ivresse !
  C'est l'amour sacré du pays !
  La France a droit à tous ses fils...
  On lui doit tout, sang et richesse !
  C'est la sublime ivresse !

Devant l'âtre, où pétille une bûche de hêtre,
Deux bons vieux sont assis, pensifs, lorsque soudain
Un éclair de bonheur sur leur front vient de naître,
Et, sans avoir rien dit, ils se pressent la main.
— « C'était comme aujourd'hui, t'en souviens-tu, ma
          [femme ?.. »
— « Certes !.. mais notre amour ne s'est jamais lassé !
« Heureux jours, mon ami... » — « L'heureux temps,
         [ma chère âme !»
Et les vieux font revivre ainsi tout le passé.

  C'est la dernière ivresse !
  C'est l'ivresse du souvenir,
  Qui nous fait encor tressaillir
  En évoquant notre jeunesse...
  C'est la dernière ivresse ! (*)

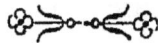

(*) Musique de G. Michiels, chez Hiélard, rue Laffite, 7.

LA RINCETTE

A venir souper chez Bignon
J'avais pu décider la belle,
Une coquette, au pied mignon,
Qui, jusqu'alors, m'était rebelle ;
Petit à petit, le vin vieux
Avait attendri la farouche ;
La gaîté brillait dans ses yeux,
Elle riait à pleine bouche.

Bientôt, je lui dis tendrement :
« Voilà le café pris, Lucette,
« Mais il manque le complément :
« Après le café, la rincette ! »

« Versez ! la rincette me plaît !
« Voilà ma tasse ! » me dit-elle,
Et son bras, blanc comme du lait,
S'avançait hors de sa dentelle ;
J'y mis, sans en être empêché,
Un aveu brûlant et sonore.
La belle n'avait pas bronché
Et son regard disait : Encore !

Je récidivai mon aveu
En lui disant tout bas : « Lucette,
« Le bras, c'est charmant, mais c'est peu,
« La lèvre, voilà la rincette ! »

Elle disait encor : Jamais !
Mais son œil était plein de fièvre ;
En affirmant que je l'aimais,
Je pris le baiser sur sa lèvre.
Puis un échange de serments
Et de promesses de mystère
Se fit entre les deux amants,
Que ne dérangeait nul notaire !

Nos fronts, que l'amour empourprait,
Rayonnaient, et c'était Lucette
Qui, maintenant, l'air guilleret,
Disait : « Encore une rincette ! »

A force de trop babiller,
Sur tous les tons, de notre flamme,
Elle a su bien m'entortiller ;
Un mois après, c'était ma femme !
J'ai pris un mauvais numéro
A la loterie éternelle !
Le thermomètre est à zéro
Et notre amour porte flanelle !

Et, maintenant, quand, au dessert,
En tête à tête avec Lucette,
C'est le café que l'on nous sert,
Aucun ne pense à la rincette ! (*)

(*) Musique de J. Deschaux, à la Chanson française, Boulevard de Sébastopol, 38.

A .....

MA BRUNE MIGNONNE

Quand tu n'es pas là, ma brune mignonne,
Mon ange adoré ! je sens dans mon cœur
    Comme un vide immense ;
De l'oiseau d'amour la tendre romance
Ne sait plus charmer ton pauvre vainqueur...
Quand tu n'es pas là, ma brune mignonne,
Tout peut me manquer, j'ai l'angoisse au cœur.

A l'aube qui naît, ma brune mignonne,
Si je vais errer, à travers les bois,
    Au vent qui me pousse,
Les taillis sont verts, mais les nids de mousse
Ne répondent plus à ta douce voix.
A l'aube qui naît, ma brune mignonne,
Je redis ton nom à l'écho des bois !

Aux champs où, jadis, ma brune mignonne,
Nous avons, tous deux, souvent promené
      Notre rêverie,
Je laisse les fleurs orner la prairie,
Car j'ai dans la main ton bouquet fané !
Les champs ont gardé, ma brune mignonne,
Le rêve d'amour par nous promené !

Quand tombe le soir, ma brune mignonne,
Mon cœur est calmé, car un songe heureux
      M'apporte l'ivresse...
L'amour imploré me rend ma maîtresse,
Et je sens ta lèvre et je vois tes yeux !
Oui, le rêve seul, ma brune mignonne,
Quand tu n'es pas là, peut me rendre heureux. (*)

(*) Musique de G. Michiels, chez Blanchet, rue Notre-Dame-de-Nazareth, 21.

LA CHANSON DES BUISSONS

Jeanne et Mathurin, tout en nage,
Ont laissé leurs fagots de houx,
Pour se reposer sous l'ombrage...
(Ne craignez rien... ils sont époux.)
Voilà trois ans qu'elle est sa femme...
Elle songe au temps, déjà vieux,
Où Mathurin jurait son âme
Qu'il serait toujours amoureux !

Piou ! piou ! gazouille une fauvette...
Piou ! piou ! piou ! piou ! siffle un pinson.
(Au fond, c'est la même chanson)
Ils vous mettent le trouble en tête,
Tous ces amoureux du buisson.

« Allons (dit Jeanne) je m'allonge,
« Il nous faut un brin sommeiller... »
Mais Jeanne ment, car elle ronge
Sa langue qui veut babiller.
Mathurin trouve que la terre
Est dure... il ne sait pas pourquoi
Le sommeil fuit de sa paupière :
— « Jeannette... est-c' que tu dormions... toi ? »

Piou ! piou ! gazouille une fauvette...
Piou ! piou ! piou ! piou ! siffle un pinson.
(Au fond, c'est la même chanson)
Ils vous mettent le trouble en tête,
Tous ces amoureux du buisson.

Jeanne à Mathurin qui se penche
Lui fait voir, d'un air ingénu,
Que, de l'arbre, une pousse blanche
Vient de choir sur son beau bras nu...
« Vois, dit-elle, déjà la feuille
« Laisse apercevoir des boutons...
« Mathurin, il faut que j'en cueille...
— « Ma Jeannett'... veux-tu que j' t'aidions ? »

Piou ! piou ! gazouille une fauvette...
Piou ! piou ! piou ! piou ! siffle un pinson.
(Au fond, c'est la même chanson)
Ils vous mettent le trouble en tête,
Tous ces amoureux du buisson.

Mathurin fait la courte échelle.
Mais Jeannette glisse souvent
Et retient sa jupe rebelle,
Qu'indiscret, taquine le vent.
La bruyère est ensoleillée
Et répand de tièdes senteurs...
Au-dessus d'eux, dans la feuillée,
Deux geais sifflent des airs moqueurs.

Piou ! piou ! gazouille une fauvette...
Piou ! piou ! piou ! piou ! siffle un pinson.
(Au fond, c'est la même chanson)
Ils vous mettent le trouble en tête,
Tous ces amoureux du buisson.

« Jeannett'!.. » — « Mathurin ! » — « Pus qu'j'y pense,
« Pus j' vois que j' t'aimions toujours ben ! »
Là se bornait leur éloquence,
Car ils ne se dirent plus rien.
Époux glacés dans vos ménages,
Vous redeviendrez tourtereaux
Si vous allez dans les bocages,
Écouter le chant des oiseaux.

Piou ! piou ! gazouille une fauvette...
Piou ! piou ! piou ! piou ! siffle un pinson.
(Au fond, c'est la même chanson)
Ils vous mettent le trouble en tête,
Tous ces amoureux du buisson. (*)

(*) Musique de G. Michiels, chez Labbé, rue du Croissant, 20.

LA MORT D'HOMÈRE

Homère est étendu sur le bord du chemin...
L'enfant qui le guidait lui donne en vain la lyre,
Elle ne vibre plus sous la tremblante main...
Pleurez, Muses ! pleurez ! le grand Homère expire !
La mort s'étend déjà sur son front attristé,
    Où glisse une pensée amère...
Quand tout à coup ses yeux s'emplissent de lumière...
Il écoute une Voix qui parle à son côté...

    Pleure ! Nature entière !
   O Muses ! voilez-vous les yeux,
     Le chantre glorieux
     Va regagner les cieux...
    Pleurez ! pleurez Homère !

Et cette Voix lui dit : Viens ! je suis l'Éternel !
« Et j'emporte ton âme aux splendeurs infinies...
« Laisse à ce monde ingrat ton renom immortel,
« Viens, chantre d'Ilion, où veillent les Génies !
« Les cieux que tu chantais, poète, étaient déserts,
    « Mais après des siècles sans nombre,
« Tous leurs Dieux impuissants seront rentrés dans l'ombr
« Que les peuples charmés diront encor tes vers ! »

Pleure ! Nature entière !
O muses ! voilez-vous les yeux,
Le chantre glorieux
Va regagner les cieux...
Pleurez ! pleurez Homère !

Homère s'est dressé, radieux, frémissant,
Il écoute la Voix, et sa lèvre murmure :
« Je t'avais deviné, Dieu seul ! Dieu tout puissant !
« C'est toi que j'adorais, en chantant la Nature ! »
Puis il sourit alors à d'invisibles bras
Qui le ravissent dans l'espace...
Et le passant, au soir, ne vit à cette place
Que l'enfant éploré qui sanglotait tout bas.

Pleure ! Nature entière !
O Muses ! voilez-vous les yeux,
Le chantre glorieux
Va regagner les cieux...
Pleurez ! pleurez Homère !

L'AMOUR EST AU VILLAGE

L'amour ayant quitté la ville,
A l'approche des mois brûlants,
Vient d'élire son domicile
Au milieu des bons paysans.
Le petit coquin fait merveille !
Les gas n'ont plus leurs airs benêts,
Et, des fillettes, les bonnets
Penchent crânement sur l'oreille.

Ça chauffe pour de bon !
Le temps est à l'orage ;
D'ailleurs, c'est la saison,
L'amour est au village...
Et, quand c'est la saison,
Ça chauffe pour de bon !

Pierre, que l'amour asticote,
Au lieu de s'occuper des foins,
Taquine la grosse Jacotte
Qui lui répond à coups de poings.
« Veux-tu ben t' tair', si t'ose' encore,
« Tu vas voir, va, grand séducteux ! »
Mais Pierre rit de ses gros yeux
Et lui prend un baiser sonore !

    Ça chauffe pour de bon !
    Le temps est à l'orage ;
    D'ailleurs, c'est la saison,
    L'amour est au village...
    Et, quand c'est la saison,
    Ça chauffe pour de bon !

Pendant que Monsieur, à la chasse,
Galope par le bois voisin,
Près de Madame, dans la place,
Roucoule le jeune cousin.
Que peuvent-ils dire ? qu'importe !
Mais, quand Monsieur revient du bois,
Ils admirent, d'un air narquois,
La tête de cerf qu'il rapporte !

    Ça chauffe pour de bon !
    Le temps est à l'orage ;
    D'ailleurs, c'est la saison,
    L'amour est au village...
    Et, quand c'est la saison,
    Ça chauffe pour de bon !

On fait la queue à la mairie,
Où s'inscrivent les prétendants :
Toute la journée on marie !
Monsieur l'adjoint est sur les dents !
Et le curé crie et tempête
Après sa servante Suzon
Qu'il a surprise, à la maison,
Lisant Paul de Kock en cachette.

 Ça chauffe pour de bon !
 Le temps est à l'orage ;
 D'ailleurs, c'est la saison,
 L'amour est au village...
 Et, quand c'est la saison,
 Ça chauffe pour de bon !

Le garde champêtre, en silence,
Contemple, avec des yeux troublés,
Une ombrelle, qui se balance
Près d'une canne, dans les blés.
« Cré nom ! est-ce que je me blouse ?
« Les blés qui produis'nt des riflards !
« Allons de ce pas, sans retards,
« En référer... à mon épouse.

 « Ça chauffe pour de bon !
 « Le temps est à l'orage ;
 « D'ailleurs, c'est la saison,
 « L'amour est au village...
 « Et, quand c'est la saison,
 « Ça chauffe pour de bon ! »

Le crieur public vient de faire
L'annonce suivante, à grand bruit,
« Par arrêté de mossieu l' maire,
« On fait assavoir ce qui suit :
« Vu la chaleur, vu que c't' année,
« Dans not' villag', fill's et garçons
« Ont tertous des drôles d' façons,
« N'y aura pas d' rosièr' couronnée ! »

Ça chauffe pour de bon !
Le temps est à l'orage ;
D'ailleurs, c'est la saison,
L'amour est au village...
Et, quand c'est la saison,
Ça chauffe pour de bon ! (*)

(*) Musique d'Abel Queille, chez Satie, boulevard Magenta, 24.

L'AMOUR PORTIER

Tiraillé, supplié sans cesse,
Presque dégoûté du métier,
Se défiant de sa faiblesse,
L'Amour se déguise en portier ;
Il garde sa propre demeure
Et n'ouvre plus à tout venant...
On l'entend dire, en ricanant,
A ceux qui frappent à toute heure :

« Connu !.. mon bon !
« Vous voulez rire...
« Hé ! de moi vous moquez-vous donc ?
« Je ne tire, tire, tire,
« Ne tire pas le cordon ! »

Il est doué d'un flair étrange !
L'œil attentif... l'oreille au guet...
Plus moyen de donner le change
A notre rusé pipelet ;
Une première visiteuse,
Qui vint sonner au point du jour,
Se vit refuser par l'Amour...
(Elle avait treize ans, l'amoureuse !)

« Dans ma maison
« Fini de rire !
« On ne prend plus de nourrisson...
« Je ne tire, tire, tire,
« Ne tire pas le cordon ! »

Rose, la grosse cuisinière,
Et son maréchal-des-logis
Se présentent, l'humeur altière,
Les yeux brillants, les nez rougis.
« *Ouvrrre !* petit, que l'on s'amuse !
« J'ai ma particulière au bras...
« Cré mille noms ! n'entends-tu pas ?
« On veut entrer dans ta cambuse ! »

— « Non pas ! dragon,
« Vous voulez rire,
« Sans moi cuvez votre boisson...
« Je ne tire, tire, tire,
« Ne tire pas le cordon ! »

Ensuite arrivent à la porte
Un barbon, sans cheveux, ni dents,
Et son épouse, qui n'apporte,
En dot, que ses dix-huit printemps !
« Ouvrez ! dit le vieux... ouvrez vite !
« Qu'Amour se rende à mon désir... »
La fillette ajoute un soupir !
Mais le portier répond de suite :

  « Non ! mon vieux ! non !
  « Vous voulez rire.
« Des lilas avec un glaçon ?
  « Je ne tire, tire, tire,
  « Ne tire pas le cordon ! »

Les unions mal assorties,
Les mariages de raison,
Les masques et les fantaisies
Se voient refuser la maison.
Quand une cocotte hors d'âge,
Qu'accompagne un gommeux... complet,
Vient crier : « Cordon, s'il vous plaît ? »
Elle en est pour tout son tapage.

  « Ouvrir ?.. oh ! non !
  « Vous voulez rire ;
« Vous saliriez mon paillasson !
  « Je ne tire, tire, tire,
  « Ne tire pas le cordon !

Deux jeunes gens, mine inquiète,
S'arrêtent au seuil, anxieux...
Leur main tremble sous la sonnette...
Des éclairs brillent dans leurs yeux !
Ils venaient, pleins d'ardeur extrême...
Ils n'osent plus... mais, plus du tout,
Ils vont partir !.. quand, tout à coup,
La porte s'ouvre d'elle-même !..

« Mais entrez donc !
« Vous voulez rire !..
« Aux cœurs battant à l'unisson
    « L'Amour tire, tire, tire,
    « L'Amour tire le cordon. »

ESSAYEZ DE VOUS EN PASSER

Tout's les femmes sont des coquettes,
Des sans-cœur, des moulins à vent !
C'est vous qui l' dit's... et, comm' vous êtes
La raison mêm'... c'est évident !
C'est bien conv'nu, notre âme est noire !..
Nous possédons des vic's par tas !
Et nous vous faisons ici-bas
Purger tout votre Purgatoire...

Eh bien ! pourquoi vous tracasser ?
Le remède est pourtant facile :
La femme est un être futile ?
Essayez de vous en passer.

Alors que, dès l'âg' le plus tendre,
Vos discours n' sont qu' des vagiss'ments,
N' vous forc'-t'on pas à vous suspendre
Aux corsages de vos mamans !
Vos mèr's, — des femm's, quoi ! c'est tout dire —
Commençant leur rôl' de bourreau,
Vous rend'nt esclav's par le lolo...
Ah ! que j' plains vot' premier martyre !

Eh bien ! pourquoi vous tracasser
De cette honteus' servitude ?
Un' mèr'... c'est p't-être une habitude...
Essayez de vous en passer !

Plus tard, remplis d' projets sublimes,
L'étud' vous voit tous empressés...
Qui vous trouble encor, pauv's victimes ?
Des jupons et des nez r'troussés !
Ce tyran, qu'on nomme un' maîtresse,
Sans dout' parc' qu'ell' doit obéir,
Ne se permet-ell' pas d' venir
Mêler sa flamme à vot' jeunesse !

Eh hien ! pourquoi vous tracasser
A propos d'un êtr' si volage...
Si l'amour n'est qu'un esclavage...
Essayez de vous en passer !

Vous êt's pris par un' légitime !
Ça va d'abord cahin-caha...
Mais n'os'-t-ell' pas vous faire un crime
Parc' que vous entret'nez Tata !
Elle a tout son ménage à faire !
Ell' doit soigner sa band' d'enfants...
Et de s' plaindre, encore, elle a l' temps !
Voyez donc l' fichu caractère !

Eh bien ! pourquoi vous tracasser
De cett' repriseus' de chaussettes ?
C'est embêtant les femm's honnêtes...
Essayez de vous en passer !

Fair' la noc' souvent, loin d' sa femme,
Ça pourrait rendr' votr' sort plus doux,
Mais c'est qu'elle a l' toupet, l'infâme !
Quand ell' l'apprend, de fair' comm' vous !
La tromper... c'est de tout' justice,
Mais qu'ell' vous fass' porter... du bois !
Comm' ça s'rait malin d' fair' les lois,
Si c' n'était à son bénéfice !

Eh bien ! pourquoi vous tracasser ?
Si vous craignez d'en voir de grises,
Ne pensez plus à ces bêtises.
Essayez de vous en passer !

Allons ! lequel de vous commence ?
Quel est le masculin osé
Qui proclam'ra l'indépendance
Du sex' fort tant tyrannisé ?
Nous mettons au défi tout homme !
(Qui pourra prouver cependant
Que ce n'est pas faute de dent
Qu'il ne veut plus mordre à la pomme !)

Allons ! pourquoi vous tracasser ?
A quoi bon prêcher des apôtres ?
Nous le savons... mieux que vous autres :
Vous ne pouvez vous en passer ! (*)

(*) Musique de G. Michiels, chez Blanchet, rue Notre-Dame-de-
azareth, 21.

RIGOLETTE ET RIGOLO

Rigolette est canotière,
Et, dans la contrée entière,
On cite son nez mutin ;
De Bougival, le rivage,
Qui n'a rien de bien sauvage,
Connaît son rire argentin.
Elle est fille de Bohême,
Et, narguant les lendemains,
Court, joyeuse, les chemins,
Avec Rigolo qu'elle aime !

Tout le long, le long de l'eau,
C'est toujours noce complète,
Lorsque l'on voit Rigolette,
On voit aussi Rigolo...
    Rigolette,
    Rigolo,
Font bien la paire complète !
Vit-on jamais Rigolette
Sans son ami Rigolo ?

Vous pensez qu'on la courtise !
On fait plus d'une bêtise
Pour baiser son bras mignon...
Mais la folle créature
Ne veut pas rouler voiture,
Ni porter jaune chignon.
A son Rigolo, fidèle,
Sans poser pour la vertu,
Elle dit : « Turlututu ! »
A ceux qui s'approchent d'elle !

Tout le long, le long de l'eau,
C'est toujours noce complète,
Lorsque l'on voit Rigolette,
On voit aussi Rigolo...
  Rigolette,
  Rigolo,
Font bien la paire complète !
Vit-on jamais Rigolette
Sans son ami Rigolo ?

Puis Rigolo n'est pas chiche ;
Quand, le dimanche, il est riche,
L'argent roule bien, morbleu !
A deux, vite ! on fait emplette
De frites et de galette,

De cervelas, de vin bleu !
Dans le canot, on festine
Et, pour le dessert joyeux,
La voile dérobe aux yeux
Le couple qui se lutine !

Tout le long, le long de l'eau,
C'est toujours noce complète,
Lorsque l'on voit Rigolette,
On voit aussi Rigolo...
  Rigolette,
  Rigolo,
Font bien la paire complète !
Vit-on jamais Rigolette
Sans son ami Rigolo ?

Le canot, à la dérive,
Glissant le long de la rive,
S'accroche à tous les buissons !
Capitaine et *matelotte*
Ont laissé, l'humeur falote,
Les rames pour les chansons.
Aucun souci n'importune
Ces épris de liberté,
Qui prouvent que la gaîté
Fait la nique à la fortune !

Tout le long, le long de l'eau,
C'est toujours noce complète,
Lorsque l'on voit Rigolette,
On voit aussi Rigolo...
      Rigolette,
      Rigolo,
Font bien la paire complète !
Vit-on jamais Rigolette
Sans son ami Rigolo ? (*)

(*) Musique de G. Michiels, chez Le Bailly, rue Cardinale, 6.

LA CHANSON DES BOIS

La brise, harmonieuse haleine,
Courbe mollement le blé mûr ;
Le soleil monte dans l'azur
Et rayonne, ardent, sur la plaine.
Viens dans le bois, aux sentiers verts,
Écouter la chanson bénie
Qui dit la nature infinie
Et qui contient tout l'univers !

C'est la chanson superbe,
C'est la douce chanson,
Qui naît dans le buisson,
Dans le chêne et dans l'herbe...
C'est la joyeuse voix
Des Êtres et des Choses,
Des oiseaux et des roses,
C'est la Chanson des Bois !

Je veux à la fleur embaumée
Prendre, dans son calice d'or,
La goutte d'eau qui perle encor
Pour ta lèvre, ô ma bien-aimée !
Je veux orner ton jeune front
De muguet et de pâquerettes,
Et ce que les douces fleurettes
A ton oreille chanteront :

C'est la chanson superbe,
C'est la douce chanson,
Qui naît dans le buisson,
Dans le chêne et dans l'herbe...
C'est la joyeuse voix
Des Êtres et des Choses,
Des oiseaux et des roses,
C'est la Chanson des Bois !

Au creux des aubépines blanches
Et dans l'épaisseur des taillis,
Viens écouter le gazouillis
Des nids, tissés parmi les branches.
Et ce que fauvette et pinson
Chantent, joyeux, lissant leur aile,
Ton cœur, comme un écho fidèle,
Va le redire à l'unisson...

C'est la chanson superbe,
C'est la douce chanson,

Qui naît dans le buisson,
Dans le chêne et dans l'herbe...
C'est la joyeuse voix
Des Êtres et des Choses,
Des oiseaux et des roses,
C'est la Chanson des Bois !

Viens écouter ce qu'aux rivages
Dit la source, aux cailloux dorés...
Ce que les papillons pourprés
Disent aux églantiers sauvages ;
C'est le même refrain puissant,
C'est la gamme sublime et douce
Que module le brin de mousse,
Comme le sapin frémissant !

C'est la chanson superbe,
C'est la douce chanson,
Qui naît dans le buisson,
Dans le chêne et dans l'herbe...
C'est la joyeuse voix
Des Êtres et des Choses,
Des oiseaux et des roses,
C'est la Chanson des Bois !

ÇA MORD !

Monsieur Cornasse, un bon bourgeois,
Emmène, un jour — faveur insigne ! —
Sa femme et le cousin François
Avec lui pêcher à la ligne.
On s'installe près d'un buisson,
Et l'époux est à peine en place,
Qu'il dit, rechargeant l'hameçon :
« Regardez, Madame Cornasse,
    « Ça mord ! ça mord !
« Ce soir, ou je me trompe fort,
« Soit du goujon, soit de l'ablette,
« J'en aurai ma charge complète...
    « Ça mord ! ça mord ! »

Madame, une brune beauté,
Trouve l'amusement morose,
Et le cousin, de son côté,
Semble penser la même chose ;
On échange un regard moqueur,
Dont chacun comprend l'éloquence,
Et, derrière le bon pêcheur,
Deux mains se cherchent en silence.
  Ça mord ! ça mord !
Pas dans l'eau, mais bien sur le bord...
Pendant que le mari s'entête
A la recherche d'une ablette,
  Ça mord ! ça mord !

L'époux leur dit : « Parlez plus bas !
« Il faut qu'un pêcheur soit tranquille,
« Comme ça, je n'en prendrai pas !
« Allez donc faire un tour dans l'île. »
Et la cousine et le cousin,
Profitant de la circonstance,
Se sauvent vers le bois voisin,
En criant au vieux : Bonne chance !
  Ça mord ! ça mord !
Pendant que l'époux, sur le bord,
Taquine en vain la pauvre ablette,
L'Amour entonne un air de fête !
  Ça mord ! ça mord !

« Accordez-moi le rendez-vous
« Que je vous demande, cousine ? »
Il dit cela d'un ton si doux...
Elle sait qu'un rien le chagrine ;
Et, là-bas, rouge et l'œil ardent,
Monsieur Cornasse à l'instant même
Disait : « Oh ! là ! quel coup de dent !
« Ça doit être au moins une brême. »
  Ça mord ! ça mord !
Car la cousine, tremblant fort,
Vient d'accepter, perdant la tête,
Un rendez-vous à la Villette !
  Ça mord ! ça mord !

Quand ils revinrent, tout contrits
De s'être attardés sous l'ombrage,
Le pêcheur, qui n'avait rien pris,
Dormait sur le bord du rivage.
Il rêvait, le front tout en eau,
Et disait — tirant avec force
Sa ligne accrochée au roseau : —
« Tout le secret est dans l'amorce !
  « Ça mord ! ça mord !
« Bientôt, ou je me trompe fort,
« J'en aurai ma charge complète,
« Je l'emporterai sur ma tête !
  « Ça mord ! ça mord ! »

Ici finit cette chanson,
Mais la morale en est bien claire :
Quand on se sert de l'hameçon,
Il faut rester célibataire.
Car Cupidon, le scélérat,
De sa main mignonne égratigne
Et perce de trous le contrat
Du fervent pêcheur à la ligne.
  Ça mord ! ça mord !
Pendant que tu fais maint effort
Contre le goujon et l'ablette,
Pauvre pêcheur, gare à ta tête !
  Ça mord ! ça mord ! (*)

(*) Musique d'Abel Queille, chez Benoit, faubourg St-Martin, 13.

ÇA N'EMPÊCH' PAS LES BLÉS D' POUSSER

Jacqu'line, en prom'nant sa chevrette,
Cueillait un bouquet dans les bois,
Pendant qu'à ses côtés, François
Tendrement lui f'sait la causette.
(C' qu'il lui disait, le savez-vous ?
On n' l'a point entendu d' cheux nous,
Mais c'est tout comm', car ça s' devine...)
« T'es ben gentill'... j' veux t'embrasser ! »
— « Nenni ! » — « Bast ! un baiser, Jacqu'line,
« Ça n'empêch' pas les blés d' pousser. »

— « J'acqu'lin'... t'as seize ans, te v'là grande,
« T'as des yeux qui m' torturent l' cœur,
« Pourquoi qu' tu voudrais mon malheur ?
« C'est pas grand' chos'... c' que j'te demande... »
(C' qu'il lui d'mandait... le savez-vous ?
On n' l'a point entendu d' cheux nous,
Mais c'est tout comm'... car ça s' suppose.)
— « C'est ton bouquet qu'il faut m' donner... »
— « Nenni !.. » — « Bah ! donne au moins la rose,
« Ça n'empêch' pas les blés d' pousser. »

La pauv' Jacqu'lin', tout en colère,
Eut beau fuir dans les blés fleuris,
Par le malin l' bouquet fut pris,
Grâce à la promess' qu'il dut faire.
(Ce qu'il promit... le savez-vous ?
On n' la point entendu d' cheux nous,
Mais c'est tout comm'... car ça s' répète.)
— « A la Saint-Jean, j' vas t'épouser !.. »
— « Ben sûr ? » — « Oui !.. tu vois ben, gross' bête...
« Ça n'empêch' pas les blés d' pousser. »

L' soleil était près d' disparaître,
Qu'ils causaient encor tous les deux,
Quand, tout à coup, s' dress' devant eux
Le tricorn' du garde champêtre !
(C' qu'il leur a dit... le savez-vous ?
On n' l'a point entendu d' cheux nous,
Mais c'est tout comm'... v'là son langage :)
— « Ça n' sert à rien d' verbaliser,
« J'ai déjà pris, là, tout l' village...
« Ça n'empêch' pas les blés d' pousser ! » (*)

(*) Musique de G. MICHIELS, chez Blanchet, rue N.-D. de Nazareth, 21.

A F. Bayen

LES TROIS RELIQUES

Un vieillard est assis, rêveur,
Devant l'âtre, où brille la flamme ;
Il songe à ses jours de bonheur,
Qu'il évoque au fond de son âme.
Souvenirs tristes ou joyeux
De sa jeunesse fortunée !
Et, sur la haute cheminée,
Trois objets captivent ses yeux.

Une larme descend sur son mâle visage.
Il revoit le beau temps, dans la brume effacé...
Elles parlent encore un si touchant langage
    Ces trois reliques du passé.

Ce bouquet lui dit qu'un beau jour
Il le donnait, avec sa vie,
A Jeanne, son unique amour,
A Jeanne, qui lui fut ravie !
Il l'ont cueilli par les chemins,
Où tous les deux buvaient l'ivresse
A cette coupe enchanteresse
Que Dieu met dans les jeunes mains.

Une larme descend sur son mâle visage...
Il revoit ce beau front par l'amour caressé.
Elle lui parle encore un suave langage
    Cette relique du passé.

L'autre, posé sur un coussin,
C'est un tout petit soulier rose,
Qui lui reste du chérubin
Dont la lèvre mignonne est close.
Ah ! que de rêves triomphants
Il a faits sur sa tête blonde !
Mais l'ange a fui, loin de ce monde,
Vers le Paradis des enfants.

Une larme descend sur son mâle visage...
Il revoit son enfant, sur ses genoux bercé.
Elle lui parle encore un saint et doux langage
    Cette relique du passé.

Son regard d'un rayon vainqueur
S'éclaire... il redresse sa taille !
Et sa main prend la croix d'honneur
Qu'il gagna dans une bataille.
Il baise l'emblème sacré
Qui rappelle les jours de gloire,
Les jours bénis où la Victoire
Servait son pays adoré !

Une larme descend sur son mâle visage...
Il revoit son drapeau... l'ennemi terrassé !
Elle lui parle encore un noble et fier langage
  Cette relique du passé ! (*)

(*) Musique de Paul Henrion, chez Benoit, faubourg Saint-Martin, 13.

A TRAVERS LA BOUTEILLE

J'envie, ami, ta face rubiconde,
Tes gais propos, sans fiel et sans apprêt ;
Je suis meurtri des luttes de ce monde...
Toi, tu t'en ris ! dis-moi donc ton secret...
Cherchant la fleur, je me blesse à l'épine...
Entre mes mains tout bouquet est fané.
Je viens à toi, calme, par ta doctrine,
Ton pauvre ami désillusionné.

— « Je le veux bien... approche ton oreille,
« Tu vas savoir ce doux secret des Dieux ;
« Pour que le monde apparaisse à tes yeux
        « Plus gai, mon vieux !..
« Il faut le voir... à travers la bouteille ! »

Si tu savais, rieur, ce qu'en mon âme
J'avais rêvé de maux à soulager !
Des frères, tous ! même cœur, même flamme,
N'ayant de l'or que pour le partager.
Je n'ai trouvé que sotte platitude
Et fronts menteurs dont j'ai percé le fard ;
Des tons divers de cette multitude
Je ne vois plus que le côté blafard !

— « Bah ! tu veux rire ! et c'est une merveille
« Ce monde-là que tu dis ennuyeux.
« Sombre ? non pas ! il est rose, à mes yeux...
  « Pour ça, mon vieux !
« Je l'étudie... à travers la bouteille ! »

L'amour tendait sa coupe enchanteresse...
J'ai bégayé de suaves chansons ;
Mon cœur suivit la route avec ivresse,
Il a laissé des lambeaux aux buissons.
Ce cœur est mort ! il ne peut plus combattre,
Aux trahisons il demande merci.
Dis-moi pourquoi (le tien ayant dû battre)
Ton front n'a pas la trace d'un souci !

— « C'est que j'avais ma compagne vermeille
« Pour adoucir les déchirants adieux ;
« Quand une belle avait trahi ses vœux,
  « Le cœur, mon vieux !
« Rompait le charme... à travers la bouteille !

« Allons, morbleu ! chasse de ta pensée
« Chaque fantôme, au pâle souvenir,
« Ton verre est plein, goûte à ma panacée,
« Bois !.. et remplis !.. et vive l'avenir !
« Bois de l'amour, bois de l'espoir, morose !
« Je vais te faire aimer le genre humain...
« L'aperçois-tu, déjà teinté de rose,
« Dans le flacon que tu tiens à la main ?..

« Encor ! bravo !.. vois, ta nuit s'ensoleille...
« La cure est faite, et, sur ton front joyeux,
« Les doux pensers, que reflètent tes yeux,
      « Brillent, mon vieux !
« Ils sont venus... à travers la bouteille. »

A LA MÉMOIRE DE SUZETTE

LA VIERGE DES BERCEAUX

Il est une belle Madone
Que connaissent seuls les bambins ;
Qui toujours sourit et pardonne
A tous ces mignons chérubins.
Dès que la nuit étend ses voiles,
Elle accourt aux petits chevets,
Et sa robe est pleine d'étoiles,
De fleurs, d'azur et de jouets !

Lorsque sourit le bébé rose,
En dormant, sous ses blancs rideaux,
C'est que, tout près de lui, se pose
   La Vierge des Berceaux.

C'est la bonne fée, invisible
A tout ce qui n'est plus enfant,
Qui donne le sommeil paisible
Et le beau rêve triomphant.
C'est Elle qui, d'une caresse,
Écarte les cheveux bouclés
Et qui ramène, avec tendresse,
Le drap sur les bras potelés.

Lorsque sourit le bébé rose,
En dormant, sous ses blancs rideaux,
C'est que, tout près de lui, se pose
   La Vierge des Berceaux.

Le matin, quand Bébé s'éveille,
Avec peine ouvrant ses grands yeux,
Il semble encor prêter l'oreille
A quelque récit merveilleux.
C'est Elle qui, dans un nuage,
S'éloigne en lui disant : « Bonjour !
« Je vais revenir... sois bien sage !..
« Maman chérie attend son tour. »

Lorsque sourit le bébé rose,
En dormant, sous ses blancs rideaux,
C'est que, tout près de lui, se pose
   La Vierge des Berceaux.

Quand, parfois, la méchante Fièvre
Prend Bébé dans ses vilains bras,
Et que — suspendue à sa lèvre —
Maman prie et pleure tout bas,
Pour délivrer la chère idole,
Là-haut, tout au fond du ciel bleu,
La Vierge des Berceaux s'envole
Intercéder près du bon Dieu !

Lorsque sourit le bébé rose,
En dormant, sous ses blancs rideaux,
C'est que, tout près de lui, se pose
    La Vierge des Berceaux.

Malgré la Vierge secourable,
Souvent, hélas ! — ô sombres jours ! —
La Mort, d'un doigt inexorable,
Marque l'enfant blond pour toujours.
Alors c'est Elle qui l'emporte,
Au milieu des cieux étoilés,
Jusqu'à la lumineuse Porte
Où tous les maux sont consolés ;

Et dans le beau Paradis rose,
Tout plein de fleurs, tout plein d'oiseaux,
La Vierge, doucement, le pose
    Et retourne aux Berceaux.

NOTRE AMOUR EST RESTÉ

C'était dans la forêt, au mois des pâquerettes,
    Au mois brûlant et doux,
Nous regardions un nid, où jasaient deux fauvettes,
    Sans prendre garde à nous ;
Et nous disions : Chantez ! nous comprenons vos gammes
    Et vos gais renouveaux,
Nous avons, comme vous, du soleil plein nos âmes...
    Chantez ! gentils oiseaux.

Maintenant les chansons se taisent dans l'espace,
Les bois restent muets, le nid est déserté,
Les oiseaux sont partis loin des climats de glace,
Mais, chantant son bonheur, notre amour est resté.

Nous allions tous les deux, au temps où la prairie
    A des tons irisés,
Toi, cueillant des bouquets de bruyère fleurie,
    Moi, cueillant... des baisers ;
Et nous disions : Croissez ! lilas, rouge pétale,
    Jacinthe, œillet vainqueur...
Nous avons une fleur que nulle autre n'égale,
    Épanouie au cœur !

Maintenant les sentiers sont changés en ravines,
Les lilas ne sont plus, le champ est dévasté,
Le givre teint de blanc les buissons d'aubépines...
Mais, toujours plus fleuri, notre amour est resté.

L'amour est le seul maître, à la bonté féconde,
      Qu'il nous faut proclamer ;
Celui qu'il a touché plane au-dessus du monde :
      C'est être Dieu qu'aimer.
Et je t'ai dit : Aimons ! c'est la divine ivresse,
      C'est la suprême loi !
Et je veux t'adorer, ma brune enchanteresse,
      Puisque l'Amour, c'est toi !

Aimons-nous, aux beaux jours que le printemps colore !
Mes yeux dans tes yeux noirs, aimons-nous ! c'est l'été.
Et que, l'hiver venu, nous puissions dire encore :
Envolez-vous ! saisons, notre amour est resté. (*)

(*) Musique de F. Boissière, chez Egrot, boulevard de Strasbourg, 25.

TIRELONLAINE, TIRELONLO

Jean dit : « J'ons perdu mon couteau,
« Avec moi, viens l' chercher, Mad'leine,
« Tirelonlaine ! »
« Si j' le r'trouve, j' t'en fais cadeau,
« Tirelonlo ! »

On arriva tout près de l'eau,
La rivière était large et pleine,
Tirelonlaine !
Et pas le plus petit bateau...
Tirelonlo !

« J' connais un gué, » dit le finaud,
« Tu verras, nous l' pass'rons sans peine, »
   Tirelonlaine !
Le gué se présenta bientôt...
   Tirelonlo !

C'était encore un grand ruisseau,
Et, jusqu'à la rive prochaine,
   Tirelonlaine !
Jean dut porter le doux fardeau...
   Tirelonlo !

Au bois, on chercha de nouveau,
Comme on avait fait dans la plaine,
   Tirelonlaine !
« Bah ! nous l' trouv'rons » disait Jeannot...
   Tirelonlo !

Elle disait : « J' vois pas l' couteau. »
Il répondait : « J' t'aimons, Mad'leine ! »
   Tirelonlaine !
— « Jean, veux-tu ben parler moins haut ! »
   Tirelonlo !

On fouilla dans chaque arbrisseau,
Toujours la recherche était vaine,
   Tirelonlaine !
Et le soleil était d'un chaud !
   Tirelonlo !

On s'arrêta sous un ormeau,
Auprès d'une claire fontaine,
  Tirelonlaine!
« Jean, nous faut rentrer au hameau, »
  Tirelonlo!

Mais que répondit donc Jeannot,
Que ça rendit la Madeleine,
  Tirelonlaine !
Rouge comme un coquelicot...
  Tirelonlo !

« Veux-tu ben t' tair'!.. sans ça, Jeannot... »
(Voulut dire la Madeleine)
  Tirelonlaine !
Mais un baiser coupa le mot...
  Tirelonlo !

Alors on entendit sur l'eau
Courir les baisers par vingtaine...
  Tirelonlaine !
C'était un effet de l'écho...
  Tirelonlo !

Ils n'avaient pas vu le couteau,
La chose paraît bien certaine...
  Tirelonlaine !
Il fallut rentrer au hameau...
  Tirelonlo !

« Nous r'viendrons d'main, » disait Jeannot.
« Oh ! non, » répondait Madeleine...
   Tirelonlaine !
« T'as rien perdu... t'es un finaud ! »
   Tirelonlo (*)

(*) Musique de F. Wachs, chez Le Bailly, rue Cardinale, 6.

PAILLASSE

Sur des tréteaux, au Champ de Foire,
Paillasse, grimé jusqu'aux yeux,
Raconte une amusante histoire,
Pleine de calembours joyeux.
Et le public rit de ce drôle,
Qui fait semblant de larmoyer,
Quand les coups de poing font ployer
Jusqu'à terre sa maigre épaule.

Saute, alerte et moqueur,
Pauvre souffre-douleur !
A tous les curieux cache ta peine amère...
Sous un rire joyeux, déguise ta misère,
Et fais taire ton cœur !

Ce paillasse, au masque baroque,
Ne s'avise-t-il pas d'aimer
Une écuyère qui se moque
Du pitre, prêt à se pâmer ?
Quand près d'elle, dans la poussière,
Il fait le grand saut périlleux,
C'est pour cacher à tous les yeux
Les pleurs qui mouillent sa paupière !

Saute, alerte et moqueur,
Pauvre souffre-douleur !
A tous les curieux cache ta peine amère...
Sous un rire joyeux, déguise ta misère,
Et fais taire ton cœur !

Parfois, quand il fait la parade,
S'il se tait, c'est qu'il voit soudain
Une maman, près de l'estrade,
Tenant un enfant par la main ;
C'est qu'une vision l'emporte
Bien loin, bien loin, dans le passé...
C'est qu'une mère l'a bercé,
Qu'il s'en souvient... et qu'elle est morte !

Saute, alerte et moqueur,
Pauvre souffre-douleur !
A tous les curieux cache ta peine amère...
Sous un rire joyeux, déguise ta misère,
Et fais taire ton cœur !

Le tambour bat, le clairon sonne,
Les soldats défilent, joyeux ;
Le cœur de Paillasse frissonne,
Il serait fier d'être comme eux.
Mais, hélas ! une voix lui crie :
« Pauvre orphelin abandonné,
« Dans quel coin du monde es-tu né ?
« Tu n'as pas même de Patrie !

« Saute, alerte et moqueur,
« Pauvre souffre-douleur !
« A tous les curieux cache ta peine amère...
« Sous un rire joyeux, déguise ta misère,
« Et fais taire ton cœur ! »

LES EXTRA

On avait marié Jeannette
Au fils aîné du pharmacien,
Et le souper marchait si bien,
Que tout le monde était pompette.
Le beau-père chantait, debout
Au milieu des faces vermeilles :
« Allons, amis, encore un coup,
« Qu'on vide toutes les bouteilles !

   « Un p'tit extra
   « Ça m' va ! ça m' va !
« C' n'est pas tous les jours fête...
   « Un p'tit extra,
   « Par-ci, par-là,
« Ça met le diable en tête !
« Ça fait du bien, oui-dà !
« Un tout petit extra ! »

Le vieux commandant en retraite
Verse toujours, plus altéré,
A la servante du curé
Qui rougit, mais qui lui tient tête.
« Cré mille bombes ! savez-vous
« Que, près de vous, belle Gertrude,
« D'un passe-temps folâtre et doux
« Je reprendrais bien l'habitude.

    « Un p'tit extra, etc.

Un boudiné, gommeux cocasse,
Arrivé tout frais de Paris,
A force de trinquer, est gris
Et fait une laide grimace :
« Oh ! parfait ! ne versez pas tant !..
« J'suis très fort, mais... pardon... excuse...
« Tout ça... c'est d'un *pschutt* épatant !..
« Vous n' sauriez croir' comme j' m'amuse !

    « Un p'tit extra, etc.

La grosse cuisinière Lise,
Pendant ce temps, sur ses fourneaux,
Sert le reste des fins morceaux
A l'auvergnat qui la courtise :

« Bougri ! *verchez*-moi du picton !..
« Comme les bourgeois font la *noche*,
« Je crois que le moment-*j*-*est* bon
« De *ch'en* fourrer une vrai' *boche* !

« Un p'tit *ekchtra*, etc.

Au bout de la table, grand-père,
Très allumé, dit tendrement,
A voix haute, à la grand'maman
Qui sourit et vide son verre :
« Eh ! eh ! bonhomme vit encor !
« Le cœur reste jeune à tout âge ;
« Il me semble, mon cher trésor,
« Que tu rajeunis de visage.

« Un p'tit extra, etc.

Les deux époux, fuyant le monde,
Sont rentrés, quand sonna minuit ;
Bientôt chacun part, non sans bruit.
Tous dorment... la nuit est profonde...
Mais on entendit une voix,
A l'heure où le soleil se lève,
— Celle du marié, je crois —
Qui murmurait, sans doute, en rêve :

« Un p'tit extra
« Ça m' va, ça m' va !
« C' n'est pas tous les jours fête...
« Un p'tit extra,
« Par-ci, par-là,
« Ça met le diable en tête !
« Ça fait du bien, oui-dà !
« Un tout petit extra ! »

(*) Musique de Byrec, chez Benoit, faubourg St-Martin, 13.

FANTAISIE !

Vole ! mon rêve, vole ! aux pays du soleil...
    Enivre-moi de poésie !
Cours, des pôles glacés à l'océan vermeil,
    Au seul gré de ma fantaisie.

  Par l'éther pur, par les grands cieux,
  Sur ce nuage blanc qui passe,
  Mon rêve, à l'essor gracieux,
  Veux-tu m'emporter dans l'espace ?
  Allons vers les rivages d'or,
  Que le flot caressant arrose,
  Là-bas, où l'Orient s'endort,
  Dans un parfum d'ambre et de rose.

A travers les bleus infinis,
Franchissant vallon et colline,
Allons vers les climats bénis
Où le palmier géant s'incline.
Mon rêve, guide-moi sans bruit
Au ruisseau, sous les verts platanes,
Où, quand descend la molle nuit,
Viennent se baigner les sultanes.

Je suis grisé de volupté !
Le doux mystère à moi se livre...
Je vis au pays enchanté
Où l'on voit les chimères vivre.
L'Amour superbe fait frémir
Et palpiter mon âme en fête...
Ivre, laisse-moi m'endormir
Dans ton paradis, saint Prophète !

Vole ! mon rêve, vole ! aux pays du soleil...
    Enivre-moi de poésie...
Cours, des pôles glacés à l'océan vermeil,
    Au seul gré de ma fantaisie.

UN HOMME D'ÉTAT

Je déteste la politique !
Et ça, depuis le fatal jour
Où, chez ma cousine Angélique,
Il vint me faire un doigt de cour.
Il n'était pas mal de visage,
Un peu chauve, mais député...
C'est pourquoi, sans difficulté,
Se conclut notre mariage.

O vous dont le cœur, tendre et délicat,
  Est tout plein de flammes,
    Croyez-moi, mesdames,
N'épousez jamais un homme d'État !

Le soir des noces, rougissante,
J'attendais, dans mon boudoir bleu,
Une parole caressante
Qui vînt me rassurer un peu.
Je frissonnais de tous mes membres !
Savez-vous tout ce qu'il me dit ?
« Ma chère, c'est demain mardi :
« Dois-je voter pour les deux Chambres ? »

O vous dont le cœur, tendre et délicat,
    Est tout plein de flammes,
      Croyez-moi, mesdames,
N'épousez jamais un homme d'État !

Si je veux rire et me distraire,
Il me répond par des discours...
Par moment, il cherche à me plaire,
Mais ces moments-là sont si courts !
De ses lois il ne veut démordre...
Il en rêve !.. allez donc causer
La nuit... lorsque, pour un baiser,
Il lui faut un rappel à l'ordre !

O vous dont le cœur, tendre et délicat,
    Est tout plein de flammes,
      Croyez-moi, mesdames,
N'épousez jamais un homme d'État !

Monsieur, grave, jouant son rôle,
Se dit bon patriote en tout,
Cela me fait hausser l'épaule
Et je réponds, poussée à bout :
« On le connaît votre civisme,
« Quittez donc cet air triomphant...
« Nous n'avons encor qu'un enfant...
« Un seul !.. Quel beau patriotisme ! »

O vous dont le cœur, tendre et délicat,
    Est tout plein de flammes,
    Croyez-moi, mesdames,
N'épousez jamais un homme d'État !

On vient de voter le divorce :
C'est juste, je le dis tout haut,
Et, pour mon compte, s'il m'y force,
Je vais le demander bientôt.
Et je dirai, sans gêne aucune :
« Qu'il soit député, sénateur,
« Un mari doit être orateur,
« Au boudoir comme à la tribune ! »

O vous dont le cœur, tendre et délicat,
    Est tout plein de flammes,
    Croyez-moi, mesdames,
N'épousez jamais un homme d'État !

(*) Musique de Byrec, chez Benoit, faubourg St-Martin, 13.

A J. Barbotin

TOUT LE LONG DE L'OISE !

Un beau jour, j'allais cheminant
Tout le long, tout le long de l'Oise,
Lorsque j'aperçus, trottinant,
Une fille à mine matoise ;
Rempli de projets amoureux,
Pour entrer plus vite en matière,
Je m'approche et, respectueux,
Je prends la taille à ma bergère.

    Tout le long de l'Oise, ô gai !
    Tout le long de l'Oise,
J'ai rencontré mam'sell' Françoise,
Et nous étions au mois de Mai !
Lon, la déri déra lon lai !

« Mossieu ! (dit-ell') ça n' se fait pas
« Ces chos's-là, sur les bords de l'Oise !
« Voulez-vous ben r'tirer vos bras !..
« Je suis une honnêt' villageoise ! »
Ému par cet air de candeur,
Je réponds : « O fille nature !
« Viens ! je t'offre chez le traiteur
« Une succulente friture. »

Tout le long de l'Oise, ô gai !
  Tout le long de l'Oise,
J'ai rencontré mam'sell' Françoise,
Et nous étions au mois de Mai !
Lon, la déri déra lon lai !

« Vous êt's ben bon, mais ça s' saurait
« Dans tout l' département de l'Oise,
« Et j' dois être, à la fin d' Juillet,
« Couronné' rosière à Pontoise ! »
— « Rosière ! (lui fis-je surpris)
« Alors, ça change... je t'emmène...
« Ne sais-tu donc pas qu'à Paris
« C'est un très rare phénomène ? »

Tout le long de l'Oise, ô gai !
  Tout le long de l'Oise,
J'ai rencontré mam'sell' Françoise,
Et nous étions au mois de Mai !
Lon, la déri déra lon lai !

« Viens à Paris, fleur de pêché !
« Quitte pour moi les bords de l'Oise !
« Notre amour restera caché
« Dans un nid où l'on s'apprivoise.
« Je t'offre une chambre en thuya,
« Et, dans un mois ou deux, ma chère,
« Sous le doux nom de Tulipia,
« Tu seras aux Foli's-Bergère ! »

Tout le long de l'Oise, ô gai !
 Tout le long de l'Oise,
J'ai rencontré mam'sell' Françoise,
Et nous étions au mois de Mai !
Lon, la déri déra lon lai !

J'installai dans un entresol
L'indigène des bords de l'Oise,
Et, le soir, me poussant du col,
Je roucoulais près de Françoise.
Hélas ! pour mes cinq mille écus,
Je reconnus que la bergère
Depuis fort longtemps n'avait plus
Le droit de passer par Nanterre.

Si le long de l'Oise, ô gai !
 Si le long de l'Oise,
Vous voyez une villageoise,
Fuyez ! ou vous serez volé !
Lon, la déri déra lon lai ! (*)

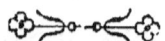

(*) Musique d'Albert Petit, à la Société anonyme d'édition, rue d'Enghien, 7.

FANTAISIES

A Armand Silvestre

MARION

Certes ! Marion, la belle
    Peu rebelle,
Dont mes yeux furent grisés,
Avait, sur ses lèvres roses,
    Jamais closes,
Comme un appel de baisers ;

Elle avait un sein d'ivoire,
    Que la moire
Eût voilé chez Bartholo,
Et cette jambe divine
    Qu'on devine
A la Vénus de Milo ;

Des petons de Japonaise,
    Bien à l'aise
Dans ses souliers mordorés...
Une chevelure fauve,
    Dont l'alcôve
Gardait les parfums ambrés.

Mais, ni ses dents — perles blanches ! —
   Ni ses hanches,
Aux beaux contours vallonnés,
N'étaient rien — je le proclame
   Sur mon âme ! —
Non, rien ! auprès de son nez !

Ce nez, poème adorable !
   Ineffable !
Veiné d'azur, rose et blanc,
Avait — accordons ma lyre -
   Pour le dire —
Quelque chose de troublant,

Quelque chose de céleste
   Et de leste,
De narquois et de vermeil...
Et ses deux ailes puissantes,
   Frémissantes,
Semblaient boire du soleil !

Rien de l'aquilin énorme
   Dans la forme,
Car le nez de Marion,
A celui de la sultane
   Roxelane,
Aurait damé le pion !

Il disait : « Je veux quand même
        « Que l'on m'aime !
« Osez ! je suis bon garçon. »
Il chantait des villanelles
        Éternelles,
Comme, au printemps, le pinson.

On sentait qu'il fallait faire,
        Pour lui plaire,
Tout — hormis de larmoyer.
Ce nez vous donnait l'envie,
        Pour la-vie,
D'aussitôt le tutoyer !

Nez curieux d'un gavroche
        Qui s'accroche
Aux spectacles défendus !
A t'admirer, idolâtre,
        Nez folâtre,
Que de moments j'ai perdus !

HEUREUSE ANNÉE !

C'était en hiver, par un frileux mois,
Que mon pauvre cœur se mit en démence...
Oui ! quand je vous vis, la première fois,
C'était en hiver, par un frileux mois.
Qui pourrait prévoir le ravage immense
Que, dans un éclair, fait un œil sournois ?..
C'était en hiver, par un frileux mois,
Que mon pauvre cœur se mit en démence !

C'était au printemps, par un beau ciel bleu,
La première fois que nous devisâmes...
Vous étiez de glace et j'étais de feu !
C'était au printemps, par un beau ciel bleu.
Pourtant j'ai cru voir, quand nous nous quittâmes,
Votre œil, si railleur, s'adoucir un peu...
C'était au printemps, par un beau ciel bleu,
La première fois que nous devisâmes.

M'avez vous assez torturé le cœur
Pour vous deviner, ô charmant problème ?
Sans merci ni trêve, adoré vainqueur !
M'avez-vous assez torturé le cœur ?
Lorsque, suppliant, je brodais mon thème,
Vous défaisiez tout d'un rire moqueur...
M'avez-vous assez torturé le cœur
Pour vous deviner, ô charmant problème ?

Je ne croyais pas mon rêve déçu
Quand vous disiez : « Non ! » ma belle inhumaine !
Pour un « Non » tremblé, mal appris... mal su,
Je ne croyais pas mon rêve déçu ;
Comme je voyais à chaque semaine
Fondre un peu ce cœur, bien à son insu,
Je ne croyais pas mon rêve déçu,
Quand vous disiez : « Non ! » ma belle inhumaine !

C'était en Août, par un ciel doré ;
Dieu s'était, je crois, surpassé lui-même,
Les oiseaux chantaient au dôme azuré !
C'était en Août, par un ciel doré,
La première fois que tu dis : « Je t'aime ! »
Et que notre amour par là fut sacré...
C'était en Août, par un ciel doré,
Dieu s'était, je crois, surpassé lui-même !

Nous nous disions : tu !.. nous nous disions : vous...
Nos fronts étaient purs et nos pensers chastes ;
L'univers entier, alors, c'était nous !
Nous nous disions : tu... nous nous disions : vous...
Nos témoins étaient les horizons vastes
Et des nids d'oiseaux blottis dans les houx...
Nous nous disions : tu... nous nous disions : vous...
Nos fronts étaient purs et nos pensers chastes.

Nous allions devant, la main dans la main,
Ivres ! éblouis ! isolés du monde...
Sans savoir hier, sans savoir demain,
Nous allions devant, la main dans la main...
Unis pour toujours dans une seconde,
Nos pas n'avaient plus qu'un même chemin...
Nous allions devant, la main dans la main,
Ivres ! éblouis ! isolés du monde.

Nous irons toujours rêver dans les bois,
Car nos cœurs, vois-tu, garderont leur fièvre ;
D'autres oublîront, mais nous, je le crois,
Nous irons toujours rêver dans les bois.
C'était en automne... un jour, à ma lèvre
Ta lèvre s'unit... la première fois !
Nous irons toujours rêver dans les bois,
Car nos cœurs, vois-tu, garderont leur fièvre !

IDYLLE !

« Lison, les sentiers
« Ont des fleurs écloses,
« Viens cueillir des roses
« Sur les églantiers... »
— « Des fleurs ? Bah ! j'en ai des bouquets entiers...
« Adieu ! je m'attarde, alors que tu causes. »

— « Lison, le taillis
« Chante un air si tendre...
« Viens-tu pas entendre
« Son frais gazouillis ? »
— « Bah ! j'ai deux pinsons sous un vert treillis...
« Adieu ! Mathurin... maman doit m'attendre. »

— « Viens, dans les flots bleus
« Courant sous les saules,
« Mirer tes épaules
« Et tes jolis yeux... »
— « Non ! j'ai mon miroir où je me vois mieux...
« Adieu ! nous coupons aujourd'hui les gaules. »

— « Voici la saison
« Des mûres vermeilles,
« Leurs pendants d'oreilles
« T'iraient bien, Lison ?... »
— « Bah ! j'ai des bijoux dans notre maison...
« Adieu ! nous rentrons le miel des abeilles. »

— « Triste et seul, j'irai,
« Si tu me repousses,
« Rêver sur les mousses...
« Lison, j'en mourrai ! »
— « Ah ! bah, tu n'es pas encore enterré...
« Adieu ! je m'en vais arroser nos pousses. »

— « Non ! je vois là-bas
« Venir Madeleine,
« J'oublîrai ma peine
« En suivant ses pas... »
— « Voyons ! Mathurin, ne te fâche pas...
« J'ai le temps... Allons causer sous le chêne. »

TOUJOURS !

Au pays des Lapons, dans ce muet espace,
Du soleil et des fleurs toujours déshérité,
La neige, sans relâche, emplit l'immensité
Et revêt d'un linceul la terre, où tout s'efface.

Pourtant le renne brun, du pied creusant la glace,
Sur le sol — qui du marbre a la rigidité —
Découvre quelquefois, survivant à l'été,
Une touffe de mousse encor fraîche et vivace.

Ainsi, bientôt, le temps frappera l'arbre vert...
Tes cheveux blanchiront, ma douce bien-aimée...
Mais dans notre vieux cœur, de neige recouvert,

Les souvenirs, creusant sous la couche formée,
Mettront au jour, encor vermeille et parfumée,
La fleur de notre amour, résistant à l'hiver !

NOCTURNE CONJUGAL

Monsieur, cinquante ans, laid, droguiste et chauve,
Laissant de son lit glisser le journal,
Donne à sa *poupoule* un baiser banal,
Puis se tourne et dort au fond de l'alcôve.

Madame, trente ans, blonde à l'œil brun-fauve,
Que n'étonne plus ce triste final,
Regarde parfois d'un air machinal
Son conjoint ventru qui rêve guimauve.

Le coucou, dix fois, a jeté son cri...
La lune, soudain, du ciel noir émerge,
Et, glissant au coin des rideaux de serge,

Met son croissant d'or au front du mari,
Qui ronfle toujours, jaune comme un cierge.
L'Amour peut venir... Madame a souri.

CHANSON D'AVRIL

Prends mon bras, viens, ma bien-aimée,
    Sous la ramée,
Où poussent les bleus liserons,
Oublier les bruits de la terre....
    Et le mystère,
A deux nous le commenterons.

Au-delà de ces vertes plaines,
    Dans les grands chênes,
Des oiseaux entends-tu les voix ?..
Ils nous disent leurs doux cantiques,
    Sous les portiques
Que Dieu fit pour nous dans les bois.

Viens ! nous saurons pourquoi les mousses
    Semblent plus douces
Quand on les foule deux à deux ;
Pourquoi, dans les profondeurs sombres,
    Passent des ombres
Qui cherchent des retraits ombreux.

Viens ! par nos mains entrelacées,
Que nos pensées
Disent leurs rêves ingénus ;
Les hôtes ailés du feuillage,
Dans leur langage,
Crîront : Soyez les bien-venus !

Loin de la mer sauvage et grise,
Qui roule et brise
Son flot amer et furieux...
Loin de la turbulente foule,
Qui va, s'écoule
Et s'épuise en stériles vœux,

Nous verrons bien que la nature,
Dans l'onde pure
D'un ruisseau, contient l'infini...
Et combien Celui que notre âme
Aime et proclame,
A mis de bonheur dans un nid !

Respirons les parfums agrestes ;
Les chœurs célestes
Pour nous, d'en haut, sont descendus...
Enivrons-nous de leurs murmures !
Sous les ramures,
Au ruisseau baigne tes pieds nus.

Viens ! Que mon âme enamourée,
  Mon adorée !
Te fasse passer son frisson...
Et, dans ta muette prière,
  Que tout entière
Ton âme chante à l'unisson.

Que ton œil de larmes s'emplisse !
  Nouveau Narcisse,
J'y vois mes traits transfigurés !
Lisons-les ces pages sublimes...
  Montons aux cimes...
Dieu nous en montre les degrés.

Car, pour lire le grand poème,
  Il faut qu'on aime...
Et, tous deux, nous nous aimons bien !
Nous n'avons besoin pour comprendre,
  Rien, que d'entendre
Ton cœur battre à côté du mien.

POURQUOI GRANDIR ?

Vous, dont le rire est une fête,
Enfants, trésor de la maison,
Déjà votre œil, à l'horizon,
Cherche l'énigme et s'inquiète.

Hélas ! bientôt vous serez grands,
Et, joyeux d'essayer vos ailes,
Loin des caresses maternelles,
Vous fuirez, gentils moineaux francs.

Dieu, qui donne la sève aux branches
Et la pluie aux troncs épuisés,
Devrait nous laisser vos baisers
Pour réchauffer nos têtes blanches.

RÊVERIE TUDESQUE

Meinherr von Saucissensilber,
Féal du chancelier de fer,
Est un habile diplomate,
Maigre comme un hareng-sauret,
Long comme un jour sans pain, discret
Comme une vieille casemate.

Au bal, dans le noble faubourg,
Il erre, seul, rêveur et lourd,
Par les salles illuminées...
Comme attiré par un aimant,
Son œil demande fréquemment
L'heure à toutes les cheminées.

Rien ne le distrait ! ni l'essaim
Des jeunes femmes, dont le sein
Semble modelé dans l'albâtre...
Ni les splendeurs du cotillon,
Ni les joueurs... un long sillon
Se creuse dans son front jaunâtre.

Et, tandis que les beaux vainqueurs
Captivent à l'envi des cœurs,
Dans les quadrilles ridicules, —
L'œil sur les balanciers pendants,
Meinherr murmure entre ses dents :
« En ont-ils encor des pendules !! »

CHANSON DE TRUAND

Holà ! tavernier... je cogne !..
N'entends-tu pas ?.. Mort-Dieu ! qu'on
M'apporte un autre flacon
De ce vieux vin de Bourgogne !

Tant pis ! si ta femme grogne,
Je boirai tout ton Mâcon,
Qui fait mon nez rubicond
Et, florissante, ma trogne !

Ce soir, j'ai rude besogne :
On dévalise un balcon...
Mais j'ai le cerveau fécond !

Verse ! demain, ton ivrogne
Peut bien être à Montfaucon,
Pendu comme une carogne !

MARS

Le soleil de Mars rit dans les allées ;
Les grands boulevards s'emplissent de voix
Et Lisette aligne, aux rebords des toits,
Ses volubilis et ses giroflées.

Les Amours frileux, sans peur des onglées,
A tort à travers, vident leur carquois ;
Les bons vieux s'en vont guetter, sous les bois,
Les branches, craquant, de sève gonflées,

Et, lorsque l'un d'eux peut montrer à tous
Le premier bourgeon, dans sa coque verte,
Ah ! comme il est fier de sa découverte !

Ainsi les bébés poussent des cris fous
Quand ils voient perler, sous la guimpe ouverte,
La goutte de lait au sein des nounous.

MAI

C'est loin du village ;
Il fait étouffant !
Manon, se coiffant
De muguet sauvage,

Entre au vert bocage,
Où Jean, triomphant,
Suit la belle enfant,
Au mutin corsage.

L'air est embaumé...
Par le bois semé
D'aubépines roses,

Nos deux virtuoses
Chantent, lèvres closes,
La Chanson de Mai !

SUR LA GOUTTIÈRE

Des chats la tribu tout entière
Se cache au fond de la gouttière,
L'air morne, le poil hérissé...
Plus de ronrons, de mine altière :
La terreur a tout remplacé !

En vain quelques jeunes minettes,
Pleines de pensers déshonnêtes,
Lancent-elles des *miaous*...
« Le moment n'est pas aux sornettes, »
Répond l'œil sombre des matous.

D'où vient cet effroi qui les glace ?
C'est que, chez le traiteur d'en face,
Sur un tableau noir, en sapin,
Ils ont lu, tremblants, de leur place :
« *Dimanche... plat du jour...* LAPIN !!! »

AU COIN DU FEU

Au coin du feu,
Ah ! qu'il est bon d'oublier toute chose !
Pas n'est besoin d'étudier sa pose,
Car notre orgueil, ici, n'est plus en jeu :
L'esprit propose... et le rêve dispose,
    Au coin du feu.

Au coin du feu
On n'est pas seul, en restant solitaire :
En tête-à-tête avec le doux mystère
L'homme est beaucoup, alors qu'il se croit peu...
L'âme charmée aime à quitter la terre,
    Au coin du feu.

Au coin du feu,
Vous êtes loin, ô sombre politique !
Chambre ! Sénat ! Royauté ! République !
Sur ce tapis vous seriez triste enjeu...
Le grillon seul a le droit de réplique,
    Au coin du feu !

Au coin du feu,
Le passé meurt et l'avenir s'éveille.
Adieu ! chagrins et soucis de la veille !
Réalité ! monde trompeur ! adieu !
L'obscur s'enfuit et la nuit s'ensoleille,
Au coin du feu.

Au coin du feu,
En pétillant, les gais lutins de l'âtre
Vont se changer en déesses d'albâtre...
Et tout l'Olympe envahit mon milieu :
Le cœur brûlant, je deviens idolâtre,
Au coin du feu.

Au coin du feu,
O volupté ! douce métamorphose !
D'un doux baiser sur ma paupière close
Vénus m'enflamme et reçoit mon aveu...
Ah ! Mahomet fit son paradis rose,
Au coin du feu.

POUR TA FÊTE

Pour ta fête, aujourd'hui, ma belle,
J'avais enfanté maint projet,
Et mille plans, dans ma cervelle,
S'ingéniaient à parer celle
Pour qui je n'ai plus de secret ;

Cachemire, riche coffret,
Diamants, bijoux et dentelle,
Non ! rien n'était assez complet
    Pour ta fête !

Mais, hélas ! quel piteux effet !
Lorsqu'en vidant mon escarcelle
Je vis le peu qui s'y logeait !
Je dus la compter telle quelle :
Ça fit les deux sous du bouquet
    Pour ta fête !

EN FAMILLE

Ma tante Aurore a vingt-cinq ans,
Des lèvres couleur de pivoine,
Un buste des plus éloquents !
Ma tante Aurore a vingt-cinq ans.
Son œil, aux éclairs provocants,
Eût séduit le grand saint Antoine !
Ma tante Aurore a vingt-cinq ans,
Des lèvres couleur de pivoine.

Mon oncle a ses soixante hivers,
Un gros catarrhe, une béquille ;
Ses fruits mûrs sont encor trop verts...
Mon oncle a ses soixante hivers.
A table, on met nos trois couverts :
Je ne me plais plus qu'en famille !
Mon oncle a ses soixante hivers,
Un gros catarrhe, une béquille.

Tous les soirs, au coin de son feu,
Au piquet, l'oncle me provoque !
Je le laisse tricher un peu,
Tous les soirs, au coin de son feu.
Ma tante préfère mon jeu,
Elle y trouve moins d'équivoque.
Tous les soirs, au coin de son feu,
Au piquet, l'oncle me provoque !

Je ne vis plus en jeune fou...
Ah ! que tante Aurore est contente !
Je dépense... mais je sais où...
Je ne vis plus en jeune fou.
Je ne porte plus rien au *clou*,
Quoique portant tout chez ma *tante*...
Je ne vis plus en jeune fou...
Ah ! que tante Aurore est contente !

TOUT EN PÊCHANT

Tout en pêchant, Colin, de ses yeux, sans façon,
Dévorait le bras nu de sa belle voisine
Qui, comme lui, cherchait à prendre du poisson.
Rien ne mordait !.. bientôt la pauvrette, chagrine,
Accepta de Colin l'offre d'une leçon.

L'attente du butin leur donnait le frisson,
Le soleil était lourd... c'est pour ça, j'imagine,
Qu'ils s'assirent, troublés, à l'ombre d'un buisson,
      Tout en pêchant !

Les lièges délaissés flottaient à l'unisson.
Quand le soleil tomba derrière la colline,
On vit l'Amour sortir du fourré d'aubépine
Et s'envoler, sifflant dans l'air cette chanson :
« Encor deux jeunes cœurs pris à mon hameçon,
      « Tout en pêchant. »

LE PETIT LEVER DE L'EMPLOYÉ

Le rêve
Qui fuit
Achève
La nuit ;
L'oreille
Qui veille
Réveille
L'esprit...

Allons, tire
Ton rideau ;
Vas écrire,
De nouveau,
Quelque épître
Au pupitre,
Pauvre pitre
De bureau !..

Vers la fenêtre
J'ouvre les yeux ;
C'est si bon d'être
Un paresseux...
Phœbus ! qui dore
La pâle aurore,
Attends encore
Une heure ou deux...

Ah ! mais je grelotte
Dans cette maison !..
Vite, ma culotte
Et mon caleçon.
Le froid me démembre...
Au mois de décembre,
Ma petite chambre
Est un vrai glaçon.

Enfin, je me décide ;
Je souffle dans mes doigts ;
Mon gousset sent le vide,
Ma poche est aux abois...
Au guignon je trébuche :
Plus de vin dans la huche,
Au feu plus une bûche,
C'est le vingt-six du mois !

Employé ! quel mot triste et vide,
On laisse, en entrant, tout espoir
Sur le seuil du bureau stupide,
De l'esprit affreux éteignoir !
C'est le lourd sommeil sans le rêve !..
C'est la machine allant sans trêve !..
C'est l'arbre auquel on prend la sève !...
C'est la misère en habit noir !

Sous telle déveine, un cœur d'homme ploie.
Bientôt fin du mois ! je n'ose y songer !..
Comment contenter mes oiseaux de proie ?
Rien que mes cent francs à leur partager ?
Comment éviter la horde rapace
Que rien n'attendrit et que rien ne lasse ?..
Toujours... Sapristi, mon bouton qui casse !
Trouverai-je au moins de quoi l'arranger ?

Pour nous, perpétuel carême !
Il faut jeûner chez nos Brébants :
De l'eau pour vin... du lait pour crème...
Et du bœuf ! mais on a des dents...
Pour Louvre, une haute mansarde,
Où pas un chat ne se hasarde...
Car le vent, par chaque lézarde,
Élit domicile dedans.

Pour l'amour, sur mon âme,
Je crois que c'est bien pis.
Pas d'argent, pas de femme !
Chacune sait son prix.
Et dans mon sein s'allume
Un feu qui me consume,
A fondre le bitume
Des trottoirs de Paris !

Enfin, ma culotte
Est dans son entier ;
Rapidement j'ôte
La clef du palier ;
Ouf ! vraiment j'en sue...
Je suis dans la rue,
Humble, je salue
Mon rogue portier.

Malgré la dure,
Brave, je sors.
De ma coiffure
J'abats les bords.
Quel temps de reître !
C'est, à la lettre,
A ne pas mettre
Un chien dehors !

Douleur vive !
Quel tableau !
Quand j'arrive
Au bureau...
Dieu ! la crotte
Que ballotte
Ma culotte
Tout en eau !..

Un rhume
J'attends,
La plume
Je prends,
Ma muse
M'amuse
Et m'use
Le temps !

FIN DU VOLUME.

TABLE

Pages.

Préface. 1

MONOLOGUES ET CHANSONS A DIRE

Un drôle de cor. 9
Y m'a r'fusé des asticots. 13
Un franc par cavalier. 16
Le crime de Puteaux 19
Barbasson. 23
L'ouvreur de portières. 27
Pas d' rancune pour deux sous 30
Un épinards au jus. 33
Florimond. 37
Un écart franc 40
La poésie de Bridouilles 44

CHANSONS

Toste à la Chanson 51
La Chanson aura de beaux jours 54

Je suis chauvin	57
Les lunettes roses	60
Chantons la vigne	63
La Chanson d'autrefois	66
Mon chapeau des dimanches	69
Le chêne gaulois	72
Sur les bords de l'Arno	75
Un franc Bourguignon	78
Les esprits de l'âtre	81
Vous aurez beau dire, compère	84
Chante, joyeux printemps	87
La cause et l'effet	89
Le drapeau	93
Villanelle	96
Les Tsiganes.	99
Pauvre pierrot !	101
Sous les toits.	105
Faites des chansons	109
Elle avait nom Suzette	112
Un enfant de Bohême.	115
Le dragon persécuteur	117
Les oiseaux de passage	121
Un panache complet	123
Gavroche	126
Malgré vous, Ninon	129
A l'étape	132
Chanson d'hiver.	135
Le feu au bataillon	137
Un mois d'amour	141
Les chansons de grand'mère	144
Filourette ! filourou !	146

Fantômes roses	150
Appartement garni	153
Aubade à mon épouse	157
Hymne à l'amour	161
Du haut des toits	163
Libre échange et protection	166
L'appel des baisers	170
Le maître sonneur	173
On s' laiss' toujours pincer par ça !	177
Les ivresses	180
La rincette	183
Ma brune mignonne	186
La chanson des buissons	188
La mort d'Homère	191
L'amour est au village	193
L'Amour portier	197
Essayez de vous en passer	201
Rigolette et Rigolo	205
La Chanson des bois	209
Ça mord !	212
Ça n'empêch' pas les blés d' pousser	216
Les trois reliques	218
A travers la bouteille	221
La Vierge des berceaux	224
Notre amour est resté	227
Tirelonlaine, tirelonlo	229
Paillasse	233
Les extras	236
Fantaisie !	240
Un homme d'État	242
Tout le long de l'Oise !	245

Fantaisies

Marion	251
Heureuse année !	254
Idylle	257
Toujours !	259
Nocturne conjugal.	260
Chanson d'Avril.	261
Pourquoi grandir ?	264
Rêverie tudesque	265
Chanson de truand.	267
Mars	268
Mai.	269
Sur la gouttière.	270
Au coin du feu	271
Pour ta fête.	273
En famille	274
Tout en pêchant	275
Le petit lever de l'employé.	276

FIN DE LA TABLE.

La Fère. — Imp. BAYEN, Rue de la République, 32.

www.ingramcontent.com/pod-product-compliance
Lightning Source LLC
Chambersburg PA
CBHW070737170426
43200CB00007B/556